Library of
Davidson College

**POUR INTERPRÉTER
EMPÉDOCLE**

PHILOSOPHIA ANTIQUA
A SERIES OF MONOGRAPHS
ON ANCIENT PHILOSOPHY

EDITED BY

W. J. VERDENIUS AND J. C. M. VAN WINDEN

VOLUME XXXVIII

D. O'BRIEN

POUR INTERPRÉTER
EMPÉDOCLE

PARIS – LES BELLES LETTRES
LEIDEN – E. J. BRILL
1981

POUR INTERPRÉTER EMPÉDOCLE

PAR

D. O'BRIEN

*Chargé de Recherche
au Centre National de la Recherche Scientifique, Paris*

PARIS – LES BELLES LETTRES
LEIDEN – E. J. BRILL
1981

ISBN 90 04 06249 1

Copyright 1981 by E. J. Brill, Leiden, The Netherlands

All rights reserved. No part of this book may be reproduced or translated in any form, by print, photoprint, microfilm, microfiche or any other means without written permission from the publisher

PRINTED IN GREAT BRITAIN

Dis Manibus
Stanley Victor Keeling
1894–1979

TABLE DES MATIÈRES

Remerciements ix

I. En guise d'apologie 1

II. Sur le nombre de vers et la division en livres des deux poèmes d'Empédocle 4

III. La reconstitution du début des deux poèmes et la place du fragment 115: témoignages d'Hippolyte, de Celse et de Plutarque 14

IV. Autres témoignages de Plutarque sur ce problème; la citation par Simplicius du fragment 17 21

V. Considérations relatives à l'interprétation du cycle cosmique: les fragments 29

VI. Considérations relatives à l'interprétation du cycle cosmique: témoignages secondaires 36

VII. La langue et le contenu du fragment 30 50

VIII. Le contexte du fragment 30: le témoignage d'Aristote ... 55

IX. Le contexte du fragment 30: le témoignage de Simplicius 66

X. Simplicius et la citation du fragment 115.1-2: l'interprétation néoplatonicienne d'Empédocle 73

Notes complémentaires:
1. Précisions relatives à Hippolyte et à Plutarque 93
2. Précisions relatives à l'interprétation néoplatonicienne d'Empédocle 101

Tables:
Fr. 115: *index fontium* 111
Bibliographie 116
Index locorum 124

English summary 137

REMERCIEMENTS

Nous tenons à adresser nos plus vifs remerciements à plusieurs collègues qui ont eu l'amabilité de revoir les rédactions successives du texte de cette étude, notamment MM. Rémi Brague et Luc Brisson, Mmes Hélène Haw et Solange Mercier-Josa, Mlle Françoise Kleltz, M. le Professeur Michel Roussel. Mes collègues Richard et Marie-Odile Goulet ont bien voulu relire les épreuves avec intelligence et minutie.

Paris, Palais Royal
1980

CHAPITRE PREMIER

EN GUISE D'APOLOGIE

Dans une analyse antérieure du système cosmique d'Empédocle, nous avons tenu compte des ouvrages publiés entre 1805 (première édition des fragments) et 1965.[1] Nombre de nouvelles études ont paru depuis quinze ans (1965-1980); sans doute y aurait-il intérêt à passer en revue toutes ces études et à essayer d'en faire le bilan. Ce n'est pourtant pas là notre intention. Ce qui donne, en effet, matière à réflexion, voire à inquiétude, ce sont moins les conclusions que la méthode de certains chercheurs. Nous avons donc jugé utile, dans cet ouvrage, de tirer au clair les principes qui, à notre avis, devraient être à la base de l'étude d'Empédocle – principes qui nous semblent évidents, mais dont l'évidence paraît ne pas avoir frappé au même point d'autres chercheurs en ce domaine.

Comment réaliser cette intention? Il en est de toute bonne méthode comme de la morale: la déclaration abstraite de principes a peu d'utilité; l'expression concrète d'approbation ou de désapprobation ne fait pas autorité. Nous avons donc préféré nous pencher sur un ouvrage récent, et en analyser l'argumention de façon minutieuse, en essayant de faire ressortir, à l'aide de cas particuliers, les principes qui ont pu déterminer la démarche du chercheur. Nous regrettons le caractère éventuellement désobligeant de cet «échenillage» infligé à un auteur, mis ainsi, plus ou moins arbitrairement, sur la sellette. Mais nous ne voyons pas d'autre procédé qui permette d'évoquer des questions de principe et qui empêche de rester sur le plan des généralités et de l'abstraction.

L'ouvrage qui fera l'objet de notre étude est le premier volume d'une nouvelle édition des fragments d'Empédocle.[2] L'auteur, Monsieur N. van der Ben, y présente un texte et une traduction

---

[1] *Empedocles' cosmic cycle, a reconstruction from the fragments and secondary sources*, dans la collection *Cambridge classical studies* (Cambridge, 1969) (*ECC* en abrégé).

[2] *The proem of Empedocles' «peri physios», towards a new edition of all the fragments*. Amsterdam: B.R. Grüner, 1975. Pp.230.

commentée des fragments qui, selon lui, appartiennent au début du poème traitant de la physique (le *Peri physeos* ou, comme nous l'appellerons désormais, le poème cosmique). Il y joint une longue introduction qui est censée justifier l'ordre de ces fragments, et en particulier la répartition qu'il veut en faire entre le poème cosmique et le poème religieux (les *Katharmoi* ou *Purifications*). Il conclut qu'à peu près tous les fragments attribués par les éditeurs contemporains au poème religieux appartiennent en fait au début du poème cosmique. Au terme de l'étude de M. van der Ben, notre connaissance du poème cosmique se trouverait donc sensiblement enrichie, et celle que nous aurions du poème religieux singulièrement appauvrie.

Mais nous ne reprochons à notre auteur ni cet appauvrissement de notre connaissance du poème religieux, ni le bouleversement qu'il propose de l'ordre des fragments dans l'édition classique de Diels (1901 et 1903). Certes, la répartition des fragments entre les *Purifications* et le poème cosmique, telle que Diels la concevait, a été reprise dans toutes les éditions postérieures, notamment celles de Bignone (1916), Wilamowitz (1929), Kranz (1949), Zafiropulo (1953), Bollack (1965-1969), Zuntz (1971) et Gallavotti (1975). Mais le nouvel arrangement proposé par M. van der Ben ressemble curieusement à un retour en arrière: l'auteur reprend en effet la division adoptée dans les premières éditions des fragments, celles de Sturz (1805), Karsten (1838) et Mullach (1850, 1853, 1860).[1]

---

[1] Pour de plus amples détails sur ces références, voir la Bibliographie. Diels reprenait la répartition des fragments proposée par Stein (1852), à cette différence près qu'il replaçait dans le poème religieux les fragments (131-133 DK) constituant pour Stein un troisième livre du poème cosmique. La répartition proposée dans les premières éditions des fragments est aussi adoptée par Wilhelm Schmid et Otto Stählin, *Geschichte der griechischen Literatur* Band I (München, 1929) 315-323, voir notamment 318 n.7.

L'édition des *Katharmoi* de G. Zuntz fait partie de son ouvrage, *Persephone, three essays on religion and thought in Magna Graecia* (Oxford, 1971); *cf.* notre compte rendu dans le *Times Literary Supplement* (25 août 1972) 992. Notre compte rendu de l'ouvrage de C. Gallavotti, *Empedocle, poema fisico e lustrale* (Milano, 1975), paraîtra dans *Gnomon*. Signalons en passant une autre étude récente, celle de Helle Lambridis, *Empedocles, a philosophical investigation* (University of Alabama Press, 1976); *cf.* notre compte rendu dans le *Times Literary Supplement* (8 avril 1977) 439.

Dans son édition du recueil de Diels (*Die Fragmente der Vorsokratiker* 5ème éd., 1934-1937; DK en abrégé), Kranz se refusa à attribuer certaines expressions

Ce n'est cependant pas le retour en arrière des conclusions de cette étude – qu'il soit novateur ou non – qui nous intéresse ici, mais plutôt les argumentations de l'auteur, sa manière d'aborder les textes de l'Antiquité, les jugements de valeur dont il s'inspire en les interrogeant. Son attitude à l'égard d'Empédocle est en effet bien représentative de plusieurs chercheurs contemporains qui se font fort de reconstituer et d'interpréter la philosophie présocratique. Puisse notre exposé d'un cas typique provoquer une réflexion opportune et salutaire.

---

isolées à l'un plutôt qu'à l'autre poème, DK frr. 148-153a; pour la position de ce dernier fragment, voir pp.11-12 *infra*. Pour la possibilité d'une répétition du fr. 115.1-2 dans les deux poèmes, voir pp.73-75 *infra*.

CHAPITRE II

SUR LE NOMBRE DE VERS ET LA DIVISION EN LIVRES DES DEUX POÈMES D'EMPÉDOCLE

Les informations brutes dont nous disposons sur le nombre de vers et sur leur division en livres, sans rien ajouter ni retrancher, sont les suivantes. *Les deux poèmes*: Diogène Laërce cite le chiffre total de cinq mille vers pour les deux poèmes, cosmique et religieux; selon la *Souda* («Suidas»), le poème cosmique aurait compté deux mille vers en deux livres.[1] *Le poème cosmique*: Aétius, Simplicius et Tzetzès attribuent certains fragments au «premier livre» du poème cosmique; Simplicius cite ailleurs un fragment qui proviendrait d'après lui du «deuxième livre» de ce poème; Tzetzès, enfin, fait mention d'un fragment qui appartiendrait au «troisième livre» du poème.[2] *Le poème religieux*: Diogène Laërce cite quelques vers qui, selon lui, feraient partie du début du poème religieux; un fragment récemment retrouvé est cité comme étant tiré du «deuxième livre» de ce poème.[3]

---

[1] Diogène Laërce, VIII 77 (DK 31A1). La *Souda*, *s.v.* Ἐμπεδοκλῆς (DK 31A2). Ces chiffres sont donnés de manière approximative: la *Souda* ajoute de façon explicite ὡς, *cf.* Liddell, Scott, Jones, *A Greek-English lexicon* 9ème éd. (Oxford, 1940) (LSJ en abrégé) *s.v.* § E. Voir aussi pp. 8-9 *infra*.

[2] Le «premier livre»: Aétius, I 30.1 (fr. 8); Simplicius, *Phys.* 157.27, *cf.* 161.14-15 (fr. 17), *Phys.* 300.20 (fr. 96); Tzetzès, *Exeg. in Il.* 53.20-25 (fr. 6). Citation par Simplicius du «deuxième livre», *Phys.* 381.29 (fr. 62). Citation par Tzetzès d'un «troisième livre», *Chiliades* VII 514 (fr. 134).
Wilamowitz, *SBB* (1929) 627, a tort d'invoquer l'autorité de Plutarque lui-même pour l'attribution du fr. 8 au «premier livre» du poème cosmique. Cette affirmation ne provient en fait que de l'une des deux versions qui nous restent des *Placita*.
Le recueil de Diels-Kranz présente une anomalie évidente: le fr. 96 (Simplicius: «le premier livre») s'y trouve placé après le fr. 62 (Simplicius: «le deuxième livre»). L'ordre de ces deux fragments a pu s'expliquer par la division entre deux zoogonies, l'une traduisant le pouvoir de l'Amour (la formation isolée de parties corporelles et leur réunion, *cf.* fr. 96), l'autre le pouvoir de la Discorde (la formation d'êtres bisexués et leur séparation, *cf.* fr. 62): voir pp. 34-35 *infra*.

[3] Le «commencement», Diog. Laert. VIII 54 (fr. 112). Le «deuxième livre», voir H. Hunger, 'Palimpsest-Fragmente aus Herodians Καθολικὴ προσῳδία, Buch 5-7, cod. Vindob. Hist. gr. 10', *Jahrbuch der Österreichischen Byzantinischen Gesellschaft* 16 (1967) 5 et 26. Pour une discussion de ce fragment, voir notamment M. L. West, *Maia* n.s. 20 (1968) 199-200, et F. Lasserre, *Mus. helv.* 26 (1969) 80-83.

Ces données ne présentent qu'une seule contradiction immédiate: celle qui existe entre la *Souda* («deux livres» pour le poème cosmique) et Tzetzès (un «troisième livre» pour ce poème). M. van der Ben en ajoute une nouvelle. Il nous affirme (pp.11-16) que, selon Diogène, les deux poèmes comprenaient cinq livres. Il suppose, en outre (p.14), que le poème religieux ne comprenait pas plus de deux livres. Il en déduit que selon Diogène le poème cosmique compterait trois livres. Cette conclusion change de façon radicale l'agencement des données: voici que Diogène se trouve en accord avec Tzetzès (trois livres pour le poème cosmique), et en contradiction avec la *Souda* (deux livres seulement pour ce poème). Aussi M. van der Ben reprend-t-il la correction de la *Souda* proposée par Zuntz. Les chiffres indiqués dans la *Souda* sont rapportés au poème religieux (deux livres et deux mille vers), et une nouvelle série de chiffres, empruntée à Diogène, est rattachée au poème cosmique (trois livres et trois mille vers).[1]

Ce raisonnement est paradoxal à plus d'un égard. Un premier paradoxe réside dans le fait que c'est précisément le texte de la *Souda* – le texte même que M. van der Ben veut corriger – qui l'a conduit à croire que Diogène attribuait cinq livres aux deux poèmes. Deux livres de deux mille vers, comme nous en informe la *Souda*, voilà qui suggère aisément mille vers pour chaque livre, ceci laissant supposer que, chez Diogène, les cinq mille vers donneraient cinq livres. Cette conclusion est présentée par Zuntz sous forme d'hypothèse. M. van der Ben, au contraire, parle de ces «cinq livres», à plusieurs reprises, comme d'une donnée textuelle, si bien qu'il en efface le caractère hypothétique. Ainsi, il cite «l'observation de Diogène selon laquelle le *Peri physeos* et les *Katharmoi* forment un total de *cinq livres*» (p.12). Il parle de «la mention chez Diogène Laërce de *cinq livres*» (p.14), de «l'information donnée par Diogène Laërce, selon laquelle les deux poèmes pris ensemble comprennent *cinq livres*» (*ibid.*), de la «suggestion ... d'après laquelle le texte original de la *Souda* mentionnait *le même nombre de livres* que chez Diogène Laërce» (p.15), enfin

---

[1] La correction de Zuntz a d'abord été donnée dans *Mnemosyne* IV 8 (1965) 365. On la retrouve dans *Persephone* (1971) 236-239. Dans les deux cas, Zuntz semble avoir écrit sans connaissance préalable du fragment de Hunger (1967). Il supposait qu'il y avait un second livre dans le poème religieux parce qu'il voyait dans le fr. 131 le proème individuel d'une partie de ce poème.

de «la source des *cinq livres* chez Diogène» (p.16: les italiques sont de nous dans toutes ces citations). Mais Diogène ne parle pas de cinq livres; il parle de cinq mille vers. C'est seulement le rapport entre les deux livres et les deux mille vers dont fait état la *Souda* qui pousse M. van der Ben à s'imaginer qu'il a trouvé la mention de cinq livres et de cinq mille vers chez Diogène.[1]

Second paradoxe, M. van der Ben présente le nombre de livres chez Diogène comme l'élément déterminant quant au nombre de vers. «Si nous pouvons nous fier à Diogène Laërce,» dit-il en effet (p.12), «le *Peri physeos* et les *Katharmoi* pris globalement comprennent 5 000 vers; ce chiffre arrondi a été probablement *fondé sur le fait* que les deux ouvrages se trouvaient contenus dans 5 rouleaux, ou 5 livres, au total» (les italiques sont de nous). Or, c'est le contraire qui est exact. Diogène ne nous dit pas en combien de *livres* étaient divisés les poèmes d'Empédocle; il nous dit combien de *vers* ils comptaient. C'est M. van der Ben qui, en reprenant sans trop y réfléchir l'argumentation de Zuntz, déduit le nombre des *livres* du nombre des *vers* et qui, par une curieuse volte-face, s'ingénie ensuite à expliquer le nombre des *vers* par le nombre des *livres*. Ce genre de méprise n'est pas rare dans les études modernes sur les Présocratiques. La donnée *x* sert d'abord de prémisse à une argumentation qui mène à la conclusion *y*. Mais la conclusion *y* s'enracine si profondément dans l'esprit de l'exégète qu'elle est alors utilisée comme source de la donnée *x*, dont elle dérive initialement.[2]

---

[1] M. Bollack propose également une division en cinq livres ou «chants», mais pour le poème religieux, *Empédocle* II xxiii-xxiv. Il se fonde sur la mention par Diogène d'un «discours médical en 600 vers» (ὁ δὲ Ἰατρικὸς λόγος εἰς ἔπη ἑξακόσια, VIII 77 = DK 32A1): ce chiffre donnerait le nombre de vers dans un seul livre, et supposerait par conséquent cinq livres, ou cinq «chants», pour un poème de trois mille vers. Cette prémisse nous paraît tout aussi arbitraire que celle de M. van der Ben. Constatons en plus que, selon la *Souda*, les «écrits médicaux» étaient en prose (καταλογάδην). Ce terme peut fort bien indiquer que, chez Diogène, le terme ἔπη désigne, non pas des «vers», mais des «lignes», commes dans la *Vie* d'Epiménide, I 112: συνέγραψε ... καταλογάδην ... εἰς ἔπη τετρακισχίλια. Cf. la *Souda*, s.v. Ἀριστέας, ἔγραψε καταλογάδην ... εἰς ἔπη ά.
M. Bollack semble ignorer cet emploi du terme ἔπος. Plusieurs savants l'ont relevé, voir notamment Stein, *Empedoclis fragmenta* 6-12, F. Ritschl, 'Die Stichometrie der Alten', *Opuscula philologica* I (Lipsiae, 1866) 74-112, Th. Birt, *Das antike Buchwesen* (Berlin, 1882) 204 sqq. (ἔπη = «*Prosazeilen*»), W. Crönert, 'De Lobone Argivo', Χάριτες *F. Leo ... dargebracht* (Berlin, 1911) 125-127, G. Zuntz, *Mnemosyne* IV 8 (1965) 365 n.1. Voir aussi LSJ s.v. § IV d.

[2] Nous avons analysé un autre exemple de ce type d'erreur dans notre compte rendu du livre de T. G. Sinnige, *Matter and infinity in the Presocratic schools and Plato*, dans le *British Journal for the Philosophy of Science* 20 (1969) 163-167.

Nous parlons bien sûr d'une faute de raisonnement, et pas nécessairement d'une erreur de fait. Il est possible, en effet, que Diogène, ou sa source, ait su seulement que les deux poèmes étaient divisés en cinq livres ou rouleaux. Il est également possible que le nombre des vers ait été déduit par l'un ou l'autre écrivain à partir de cette information. Notre argument consiste à rappeler simplement que ce n'est pas ainsi que sont présentées les seules données que nous ayons reçues. La division en livres ou rouleaux n'est pas mentionnée par Diogène; cet auteur ne parle en effet que de cinq mille vers. A partir de cette donnée l'on pourrait soutenir, à titre d'hypothèse, comme l'a fait Zuntz, que le poème était peut-être divisé en cinq livres. On pourrait même aller jusqu'à prétendre que le nombre des livres était le seul élément précis dont bénéficiait originellement Diogène, ou sa source. Mais cette seconde conclusion serait alors éloignée à deux degrés de la donnée primitive, et il est essentiel qu'elle soit présentée comme telle; sinon, le chercheur risque de se perdre dans un labyrinthe de preuves qui seront en grande partie le résultat de son imagination.

On pourrait donc retenir la conclusion de M. van der Ben comme une solution possible du problème: il se peut en effet que l'auteur de la *Souda* se soit trompé, que Tzetzès ait eu raison, et qu'à une certaine époque le poème cosmique ait été divisé en trois livres. Si nous nous sommes attardé sur ce point, ce n'est pas pour écarter cette hypothèse, mais bien plutôt pour des raisons de logique et de méthode. Le caractère limité, pour ne pas dire ponctuel et matériel, de ce sujet – nombre de livres, répartition de vers – nous permet en effet d'examiner avec une plus grande impartialité comment M. van der Ben utilise les données, pour ce qui est du premier point important de sa thèse. Car ici, comme lorsqu'il analyse ensuite des sujets plus complexes, M. van der Ben, dans sa critique intrépide des savants qui le précèdent, notamment Hermann Diels, s'appuie en grande partie sur une simplification des données, et sur la présentation de preuves agencées à l'avance pour préfigurer la conclusion qu'il veut en tirer.

Ainsi, pour revenir à notre exemple, si la citation de Tzetzès (un «troisième livre» du poème cosmique) était corroborée par le témoignage de Diogène, comme l'a supposé M. van der Ben, en adaptant et en élargissant (consciemment ou non) les données, nous aurions peut-être alors raison de rejeter ou de rectifier les preuves contraires que nous présente la *Souda* («deux livres» seulement pour ce poème). Mais si nous nous en tenons aux seules données dont nous disposons réellement, il est alors évident que le seul conflit direct est celui qui oppose Tzetzès à la *Souda*. Et ce conflit place le chercheur moderne devant un dilemme dont la difficulté paraît ne pas avoir frappé M. van der Ben. Certes, comme notre auteur nous le rappellera longuement plus tard dans son Introduction (pp.44-49), Tzetzès a eu effectivement accès à des textes que nous n'avons plus. Il n'en demeure pas moins cette vérité tout aussi importante, et que M. van der Ben ne nous rappelle pas: Tzetzès était sot, bavard, vaniteux. Il tenait en effet à mettre en valeur, allant jusqu'à les inventer, les connaissances qu'il avait des textes anciens. La question que Diels avait par conséquent le droit de se poser était celle-ci: peut-on se fier au seul témoignage d'un tel homme pour justifier l'existence d'un troisième livre du *Peri physeos*?[1] Peut-on, en effet, se fier au témoignage de Tzetzès pour croire à l'existence d'un livre dont M. van der Ben, par la suite (p.14), supposera qu'il contenait une théogonie détaillée, peut-être même une «histoire de la civilisation», sans en excepter des sujets tels que le langage et son origine, la religion, l'organisation sociale, l'agriculture, les arts, la guerre, etc.? Peut-être. Mais la façon dont M. van der Ben manie les données pour aboutir à cette conclusion ne pourra guère inspirer au lecteur attentif l'envie de partager sa conviction que «la question du nombre de livres est enfin réglée une fois pour toutes» («*settled now once and for all*», p.15).

Quelles sont donc les conclusions que l'on pourrait, avec un peu plus de prudence, tirer des seules preuves dont nous disposons?

En présentant, au début de ce chapitre, les données «brutes», «sans rien ajouter ni retrancher», nous avons laissé de côté un détail. Les manuscrits de la *Souda* font bien état de deux livres et de deux mille vers. Cette leçon est adoptée dans l'édition d'Adler (Leipzig, 1928-1938). Mais l'*editio princeps* de la *Souda* par Demetrius Chalcondylas (Mediolani, 1499), suivie, entre autres, de l'édition Aldine (Venetiis, 1514) et de l'édition de Jérôme Froben (Basileae, 1544), donne trois et non deux livres pour le poème cosmique. Si nous adoptions la version de l'*editio princeps*, le conflit entre Tzetzès et la *Souda* serait donc réglé.

---

[1] 'Über die Gedichte des Empedokles', *SBB* (1898) 396-415; voir notamment 400-403. Sur Tzetzès, voir C. Wendel, P.-W., *RE* VII A 2 (1948) 1959-2010, notamment 1965 et 2007-2008.

Mais peut-on prêter foi à l'affirmation de Chalcondylas? Les opinions sur ce point sont partagées. Diels veut expliquer le texte de Chalcondylas comme une correction empruntée aux *Chiliades* de Tzetzès (première impression Basileae, 1546). Bignone et Horna n'y croyaient guère; ils ont pris la citation de Tzetzès comme confirmation de l'information donnée par Chalcondylas.[1]

Nous avons fait à cette donnée une place à part, car ni Zuntz ni Van der Ben n'ont mentionné l'édition de Chalcondylas. Leur silence est d'autant plus frappant que Bignone s'était déjà servi de cette édition pour proposer l'amendement suivant du texte de la *Souda*: trois livres <et trois mille vers> dans le poème cosmique, deux mille vers <dans le poème religieux>. Cet amendement coïncide dans son résultat avec celui de Zuntz, à cette différence près que Bignone ne précise pas dans son amendement le nombre de livres des *Katharmoi*. Si nous ajoutons à l'amendement de Bignone la découverte de Hunger (un «deuxième livre» du poème religieux), les deux amendements de la *Souda* sont alors possibles, selon que nous acceptons ou non la variante de Chalcondylas. L'amendement de Bignone et la variante de Chalcondylas donneraient: selon Diogène Laërce, cinq mille vers dans les deux poèmes; selon la *Souda*, trois livres dans le poème cosmique et deux mille vers <dans le poème religieux>; par conséquent, trois mille vers dans le poème cosmique et (d'après la découverte de Hunger) au moins deux livres dans le poème religieux. L'amendement de Zuntz et le texte des manuscrits de la *Souda* donneraient: selon Diogène Laërce, cinq mille vers; selon la *Souda*, deux livres et deux mille vers <dans le poème religieux>; <trois livres et trois mille vers> dans le poème cosmique. Comment donc choisir entre ces deux reconstitutions du texte de la *Souda* – qui aboutissent

---

[1] Diels, *SBB* (1898) 396-415, voir notamment 396 n.2 et 403 n.1. Bignone, *Empédocle* 'Appendice V', 631-649, voir notamment 632-635, *cf.* 106 n.4, 311 n.1. K. Horna, *WS* 48 (1930) 3-11, voir notamment 6-7. Adler fait observer à propos de Chalcondylas, *Prolegomena* p.xi: «*Textum multis locis non sine doctrina emendavit, sed perpaucae harum coniecturarum in textum recipiendae fuerunt*».

Clara E. Millerd, *On the interpretation of Empedocles* (Chicago, 1908) 17-18, déroge à son habituelle prudence lorsqu'elle affirme que, selon Diels, certains manuscrits donnent, après correction, «trois» livres. Cette affirmation est en contradiction avec Diels, *SBB* (1898) 396 n.2. Adler ne cite aucun manuscrit susceptible de confirmer l'*editio princeps*. Signalons toutefois la remarque de Horna, p.7: «*In Suidae codice Marciano XI 22* [sic: lege X 21 vel XI 8] *ipse exaratum vidi* βιβλία δ'».

d'ailleurs à un seul et même résultat? L'amendement de Zuntz aurait le mérite de la simplicité. Mise à part cette simplicité, nous manquons de critères qui puissent permettre de trancher ce débat.[1]

Qui plus est, il se pose une question plus fondamentale, et qui semble avoir échappé à M. van der Ben, aux tout premiers pas de son analyse. Est-il essentiel de corriger le texte, qu'il soit de Diogène ou de la *Souda*? Si nous évitons toute correction, les données apportées par ces deux textes n'en sont pas moins admissibles. Selon Diogène Laërce, il y aurait cinq mille vers dans les deux poèmes. Selon la *Souda*, il y aurait deux mille vers et deux ou trois livres dans le poème cosmique. Il y aurait donc trois mille vers <et deux ou trois livres?> dans le poème religieux. Certes, trois mille vers, cela semble beaucoup si l'on veut en reconstituer l'esprit à partir du texte qui reste des *Katharmoi*. Mais nous n'avons qu'à comparer, par exemple, la liste fort longue des titres attribués par Diogène à Démocrite (IX 45-49 = DK 68A33) avec les fragments qui nous restent, pour nous rendre compte que, dans l'histoire de l'Antiquité, il n'y a pas nécessairement de proportion quantitative entre ce qui a été écrit et ce qui en a survécu.[2]

---

[1] L'amendement de Zuntz: ἔγραψε ... Περὶ φύσεως τῶν ὄντων, βιβλία <γ΄. καὶ ἔστιν ἔπη ὡς τρισχίλια· καὶ τοὺς Καθαρμούς, βιβλία> β΄· καὶ ἔστιν ἔπη ὡς δισχίλια. Bignone n'a pas donné le texte grec que suppose son amendement de la *Souda*.

Diels, *SBB* (1898) 396 sqq., proposa d'amender le texte de Diogène (VIII 77 = DK 32A1). Il changea πεντακισχίλια en πάντα τρισχίλια, de façon à avoir deux livres d'environ mille vers chacun dans le poème cosmique, et un livre de mille vers dans le poème religieux. Les deux références de Tzetzès seraient pour lui purement imaginaires: sa référence au «premier livre» (fr. 6) viendrait de l'introduction d'Aétius au fr. 8; sa référence au «troisième livre» (fr. 134), de la supposition (erronée) que dans ce texte l'expression πρώτῳ et non προτέρῳ faisait allusion à l'existence de plus de deux livres.

L'hypothèse que le poème religieux se compose d'un seul livre a été détruite par la découverte de Hunger (qu'il existe un «deuxième livre» dans les *Katharmoi*). Mais constatons que Diels fondait explicitement son hypothèse (pp.396-397) sur l'absence de toute division en livres dans les sources alors connues des *Katharmoi*. Constatons également que l'erreur relative à l'existence d'un deuxième livre dans le poème religieux ne suffit pas à montrer que Diels a eu tort de mettre en doute l'existence d'un troisième livre dans le poème cosmique.

[2] Nous tenons à souligner que pour harmoniser les données de la *Souda* et de Diogène il n'est pas besoin de trancher le débat sur le nombre de livres qui existent dans le poème religieux. Deux hypothèses sont en effet possibles: on peut supposer qu'il y avait plus de deux livres dans les *Katharmoi*; on peut également supposer qu'il y avait plus de mille vers dans un seul livre. Ni l'une ni

Nous voyons mal comment dépasser, avec certitude, cette limite. Les calculs de longueur de chaque poème, nécessaires pour redonner un contexte aux fragments existants (*cf.* M. van der Ben, pp. 13-14 et 54-55), ne peuvent indiquer que des longueurs minimales, non maximales. Rappelons que notre connaissance, même du poème cosmique, se fait le plus souvent à partir d'un nombre très limité de textes anciens. Par exemple, Empédocle a consacré onze vers à la description de la lanterne dans son analyse de la vision (fr. 84) et vingt-cinq lignes à celle de la clepsydre dans son analyse de la respiration (fr. 100). Ces deux fragments ont été transcrits par Aristote (*De sens.* 2, 437b26-438a3, et *De resp.* 7, 473b9-474a6). Sans Aristote nous aurions tout de même eu connaissance par Théophraste, sinon des détails, tout au moins du sens à donner à la première comparaison, puisque la vision figure dans son histoire des opinions sur la faculté des sens et sur leur objet (*De sens.* chap. 7 = DK 31A86). Mais si Aristote ne l'avait pas recopié, nous n'aurions presque rien su du récit de la clepsydre. Sans cette citation du traité *De la respiration*, une allusion extrêmement brève faite à cette description dans les *Placita* serait restée tout à fait énigmatique (Aet. IV 22.1 = DK 31A74).[1] Qu'en sera-t-il, dans ces conditions, du poème religieux? Comment peut-on savoir ce qui en a été perdu? Car, quelle que soit en définitive la manière dont on répartit les matériaux entre les deux poèmes, il est incontestable qu'Aristote et ceux qui ont travaillé directement dans la tradition aristotélicienne, notamment Théophraste et Simplicius, ont porté beaucoup moins d'intérêt au poème religieux qu'au poème physique.

Donnons une simple indication illustrant l'infime connaissance

---

l'autre hypothèse n'a pour effet d'opposer nécessairement la *Souda* à Diogène. D'après la *Souda*, il y aurait eu deux livres et deux mille vers dans le poème cosmique. D'après Diogène, il y aurait eu cinq mille vers pour les deux poèmes. Deux conséquences sont alors possibles: il a pu y avoir dans le poème religieux trois livres, chacun de mille vers; il a pu y avoir également, dans le poème religieux, deux livres de plus d'un millier de vers chacun. L'une et l'autre hypothèses auraient pour effet de concilier les informations données dans la *Souda* et celles données par Diogène.

[1] On a tort de vouloir mettre en rapport cette description de la clepsydre avec celle que donne Aristote, en parlant d'Anaxagore et d'«autres penseurs», dans un texte célèbre de la *Physique* (IV 6, 213a24-27; *cf.* Cornford, éd. Loeb *ad loc.*; Burnet, *EGP* 229). La question de savoir si l'air «est quelque chose» (ἐστίν τι, 213a25) peut fort bien n'avoir aucun rapport avec la description détaillée de la façon dont nous respirons.

que nous avons du contenu du poème religieux: le fr. 153a. Ce fragment comprend un détail de l'embryologie d'Empédocle. Il est cité par Théon de Smyrne (2ème siècle après J.-C.) en raison de l'intérêt qu'il portait lui-même aux nombres. Théon attribue explicitement ce fragment aux «*Katharmoi*» (*Expositio* 104.1-3 éd. Hiller). Diels, en conséquence, l'a situé dans ce poème, dans les premières éditions de son recueil, *Die Fragmente der Vorsokratiker*. Wilamowitz, plus conscient du contenu du fragment, l'en a enlevé pour l'intégrer au poème cosmique. Kranz, jugeant qu'il n'était pas à même de trancher, renonça à le placer spécifiquement dans l'un ou l'autre poème.[1] Mais puisque le fragment nouvellement découvert par Hunger parle des arbres et de leurs racines, et qu'il était explicitement attribué au poème religieux, il n'est pas impossible qu'en fait, malgré son contenu d'apparence «physique», le fr. 153a soit à inclure dans ce poème. Il est possible en effet que l'histoire de la vie, à la fois celle des arbres et celle de l'embryon, fasse partie du récit détaillé des résidences successives du *daimon*, et que le fragment cité par Théon trouve donc sa place dans le poème religieux.

Mais nous nous sommes laissé entraîner nous-même à des spéculations. Notre but n'est pas de montrer, de façon positive, que les témoignages de la *Souda* et de Diogène peuvent rester sans amendement et que le poème religieux a effectivement contenu trois mille vers – c'est-à-dire plus de vers que le poème cosmique. L'on pourrait trouver cette conclusion peu probable; notre argument veut simplement dire qu'elle n'est pas impossible. De nouvelles données résoudront peut-être la question. Jusque-là le chercheur prudent se gardera de conclure.[2]

---

[1] Wilamowitz, *SBB* (1929) 650. Kranz, DK I 370.11 *app. crit.* M. Bollack paraît songer à une répétition du fragment dans les deux poèmes, *Empédocle* II 236-237, III 2, 539-540.

[2] *À titre de rappel.* Il existe trois possibilités pour reconstruire les données relatives au texte du poème cosmique: ce poème a pu contenir *ou bien* deux livres et deux mille vers (Simplicius, le texte des manuscrits de la *Souda*), *ou bien* trois livres et deux mille vers (l'*editio princeps* de la *Souda*, «confirmée» par Tzetzès), *ou bien encore* trois livres et trois mille vers (l'*editio princeps* de la *Souda*, les amendements de Bignone et de Zuntz). Le poème religieux a pu contenir *ou bien* deux <ou trois> livres et <5 000 – 2 000 => trois mille vers (Diogène Laërce, la *Souda*, le fragment de Hunger), *ou bien* deux livres et deux mille vers (la *Souda*, le fragment de Hunger, les amendements de Bignone et de Zuntz).

Nous n'avons pas abordé une question plus délicate et pourtant plus fondamentale: les informations que nous donnent la *Souda* et Diogène, à supposer qu'on arrive à les corriger ou à les compléter avec confiance, sont-elles dignes de foi? Zuntz, *Persephone* 237-238, nous propose quelques remarques rassurantes sur la crédibilité, quant à ce détail, de la source probable, Lobon d'Argos. W. Crönert, qui a publié un recueil des fragments de Lobon, Χάριτες *F. Leo ... dargebracht* (Berlin, 1911) 123-145, s'exprime de la même façon, pp.128-129: «*genuina falsis miscuit, ut in Empedoclis catalôgo*». Mais l'oeuvre de Lobon, *Sur les poètes* (*cf.* Diogène Laërce, I 112), est considérée, à d'autres égards, comme une laborieuse plaisanterie, une parodie des *Pinakes* de Callimaque. Aussi l'opinion de M. Crönert se résume-t-elle en ces termes, *ibid.*: «*risisset profecto, si quae ampla fingendi licentia convivalium cummaxime in usum condidisset, pro veris propagari comperisset*». Que cela nous mette en garde.

CHAPITRE III

LA RECONSTITUTION DU DÉBUT DES DEUX POÈMES ET LA PLACE DU FRAGMENT 115: TÉMOIGNAGES D'HIPPOLYTE, DE CELSE ET DE PLUTARQUE

Venons-en à la deuxième étape importante de l'analyse de M. van der Ben: où placer le fr. 115 (les errances du *daimon* qui est parjure)? Notre auteur le situe en tête du poème cosmique (pp.16-26). Les vers de ce fragment sont en effet cités par Plutarque comme étant ceux qu'Empédocle «a présentés, comme préface, au début de sa philosophie» (ἐν ἀρχῇ τῆς φιλοσοφίας προαναφωνήσας, *De exil.* 17, 607C). Or, selon M. van der Ben (p.16), nous possédons déjà le début du poème religieux, à savoir le fr. 112, cité par Diogène, qui comporte le discours d'Empédocle à ses amis d'Acragas. En conséquence, la préface que Plutarque nous a laissée serait la préface du poème cosmique, qui sinon ferait défaut aux fragments dans l'ordre où Diels les a disposés.

Cette argumentation se tient. Nous en examinerons la teneur dans un instant, mais il faut d'abord passer en revue les arguments subsidiaires que M. van der Ben invoque pour appuyer cette conclusion.

Une longue discussion (pp.22-25) se rattache, en effet, à l'argumentation que nous venons d'indiquer; l'auteur y monte en épingle l'expression ὥσπερ ἔοικα, dans le fr. 112.5. Il s'agit de savoir si cette expression signifie qu'Empédocle *est, en vérité, un dieu*, ou s'il prétend seulement *en avoir l'air*. Si Empédocle *est en vérité un dieu*, alors ce fragment pourrait bien préfigurer la transmigration des âmes du fr. 115. En revanche, s'il prétend seulement *en avoir l'air*, ce n'est pas alors nécessairement le cas. M. van der Ben penche pour la seconde hypothèse. Mais constatons que cette conclusion est purement négative. L'interprétation choisie par M. van der Ben permettrait en effet d'intégrer le fr. 115 au poème cosmique. Elle ne sert pourtant pas à exclure la possibilité contraire: que ce fragment fasse partie du poème religieux.

M. van der Ben s'attarde également (pp.16-18) sur la question de savoir si Plutarque s'intéressait à la *Naturwissenschaft*, et si ce terme convient d'ailleurs pour décrire le contenu du poème cosmique. Il conclut que «philosophie» chez Plutarque est apte à traduire le sujet du poème cosmique, que ce soit le cas ou non pour le poème religieux. Cette conclusion est, de nouveau, incomplète. Elle permettrait, en effet, de voir dans le terme de «philosophie» chez Plutarque comme l'insigne du poème cosmique, sans pour autant exclure la possibilité contraire, c'est-à-dire que ce terme puisse également s'appliquer au poème religieux.

Vient ensuite une analyse (pp.20-21) de la façon dont Simplicius et Hippolyte ont cité les deux vers du début du fr. 115. Simplicius les utilise pour illustrer la notion de «nécessité» qu'Aristote (selon lui) voyait à l'oeuvre dans le poème cosmique. Hippolyte, inversement, après avoir cité ces deux vers, en commentait la «nécessité» par l'appel à l'alternance de l'Amour et de la Haine.[1]

Mais ceux qui connaissent bien le zèle de Simplicius à justifier par des références littérales toute critique d'Aristote à l'égard de ses prédécesseurs, reconnaîtront la possibilité que la citation de Simplicius ne provienne pas directement de la version qu'il possédait du poème. Ne se pourrait-il pas, en effet, que Simplicius, face à la nécessité de renforcer son commentaire par une citation littérale du poème, se soit servi – à la rigueur – d'une anthologie, pour en citer des vers, peut-être très connus? M. van der Ben ne tient pas compte de cette possibilité. Par conséquent, son argumentation est ici encore purement négative. Le fr. 115 ne provient pas nécessairement du poème religieux – mais cette possibilité n'est pas à exclure.[2]

Qu'en est-il, maintenant, d'Hippolyte? Voici enfin un document de caractère positif, mais qui, soumis à un examen sérieux, va dans le sens inverse de celui proposé par M. van der Ben. En effet, lorsqu'Hippolyte commente ces deux vers du fr. 115, il s'intéresse non seulement à l'alternance de l'Amour et de la Haine, mais bien plus encore à l'interdit, qu'il met sur le compte d'Empédocle, et d'après lequel on doit éviter de manger de la viande et d'«avoir des relations sexuelles avec les femmes» (ἐγκρατεῖς εἶναι ... τῆς πρὸς γυναῖκα ὁμιλίας, *Ref.* VII 29.22 = 214.9-16 éd. Wendland; *cf.* DK I 356.27-33). Considérons de plus près ce motif.

La citation d'Hippolyte nous est livrée dans le contexte d'une

---

[1] Simplicius, *Phys.* 1184.5-18, *cf.* Arist. *Phys.* VIII 1, 252a5 sqq. Hippolyte, *Ref.* VII 29.23 sqq. = 214.17 sqq., éd. Wendland.

[2] Nous essaierons de préciser, dans le dernier chapitre de cette étude (pp.73 sqq. *infra*), dans quelle source Simplicius a pu puiser sa citation de ces deux vers.

attaque dirigée contre l'hérésiarque Marcion. Hippolyte s'en prend, en particulier, au végétarisme de Marcion et à ses vues gnostiques sur le mariage. Ces deux thèmes, d'après l'affirmation d'Hippolyte, dans le chapitre qui suit sa citation du fr. 115, sont une répétition voilée des enseignements d'Empédocle sur les «purifications». «En cherchant à briser les mariages unis par Dieu», dit-il en effet à Marcion, «vous suivez les doctrines d'Empédocle.» Il fait de plus le reproche suivant, à propos du mariage et du végétarisme: «Bien que vous dissimuliez le fait, vous enseignez les purifications d'Empédocle» (ʼΕμπεδοκλέους λανθάνεις διδάσκων Καθαρμούς, *Ref.* VII 30.3-4 = 216.5-13 éd. W.; *cf.* DK I 352.11-14). Cette observation est de toute première importance. Selon Hippolyte, le fr. 115 contiendrait justement les interdits alimentaires et sexuels qu'Empédocle adresse à ses disciples. En prônant la même doctrine, Marcion ne ferait que répéter les «purifications» d'Empédocle. La conclusion en est claire: pour Hippolyte, le fr. 115 faisait partie des enseignements d'Empédocle sur les «purifications» – enseignements que l'on peut donc supposer avoir été inclus dans le poème qui porte justement ce titre. Il n'est guère tendancieux, en effet, de traduire l'accusation d'Hippolyte comme ayant trait explicitement au titre du poème religieux: «Vous dissimulez que ce que vous enseignez, ce sont les *Purifications* d'Empédocle».[1]

Hippolyte n'est pas le seul à donner ce sens au fragment. Les vers 6 et 7 du fr. 115 sont cités par Celse. L'ouvrage de Celse, le *Discours vrai*, n'a pas été conservé, mais de longs extraits en ont

---

[1] Si M. van der Ben a négligé cette information, peut-être est-ce parce que Diels l'y a encouragé en ne mentionnant le renvoi aux *Katharmoi* que sous une forme abrégée, qui peut faire penser que le fr. 115 suit directement la citation du fr. 110 (voir DK I 352.10-14). Fait plus grave et plus étonnant, en citant ce renvoi, Wendland affirme, p.216.7: «*Aber Hippolyt hat vorher nur* Περὶ φύσεως *benutzt, nicht die* Καθαρμοί». Il est au contraire manifeste que l'accusation de plagiat vise précisément les interdictions alimentaires et sexuelles de Marcion (*Ref.* VII 30.3-4 = 216.5-13 éd. W.), et qu'en y faisant allusion, Hippolyte pense non pas à la citation du fr. 110 (*Ref.* VII 29 = 215.3 sqq. éd. W.), mais au commentaire intercalé dans la citation de vers provenant du fr. 115 (*Ref.* VII 29.22 = 214.9-16 éd. W.).

Des précisions sur l'ascétisme de Marcion se retrouvent dans les textes cités par A. von Harnack, *Marcion: das Evangelium vom fremden Gott* 2ème éd. (Leipzig, 1924) 148-150. Ces textes indiquent clairement que la nourriture qu'interdisait Marcion était la viande. Nous reviendrons dans une Note complémentaire (pp.93-94 *infra*) sur la question de l'interdiction sexuelle que l'on met ici sur le compte d'Empédocle.

été transcrits par Origène dans son attaque contre ce philosophe. L'un de ces extraits reprend le thème de la purification. Selon Celse, l'âme a été attachée au corps, soit pour veiller sur «l'univers» (τῶν ὅλων), soit en réparation du péché, soit encore parce qu'elle est alourdie par des changements qui se produisent en elle (*Contra Celsum* VIII 53; non cité par DK).[1] Quelle que soit la raison de cette cohabitation, le séjour de l'âme dans ce monde durera, nous dit Celse, jusqu'à la fin de certaines périodes déterminées où l'âme sera libérée et purifiée (ἐκκαθαρθῇ). C'est alors qu'apparaît la citation d'Empédocle: «Car, comme le prétend Empédocle, l'âme doit 'errer à l'extérieur pendant trente mille saisons/ en temps voulu <revêtant> toutes sortes de formes matérielles'» (fr. 115.6-7: le second vers est une version partiellement remaniée, et adaptée au contexte).[2] Selon Celse, donc, la période d'errance mentionnée dans le fr. 115 est une période de «purification préparatoire à la libération» – si nous rendons explicite et si nous soulignons le sens du terme ἐκ-καθαρθῇ. La répétition de ce terme dans le titre traditionnel du poème religieux d'Empédocle ne serait-elle qu'une coïncidence?[3]

C'est possible. Cependant, un troisième auteur rattache le fr. 115 au thème de «purification». Cet auteur n'est autre que

---

[1] La diversité des causes possibles de la descente de l'âme constituait un *locus classicus* de discussion dans les cercles platoniciens à partir du deuxième siècle: voir sur ce point A. M. J. Festugière, *La révélation d'Hermès trismégiste* III (Paris, 1953) 63-96; pour Celse, voir notamment p. 72 n. 1. Plotin en a traité longuement; nous avons proposé une analyse de certaines de ses conclusions dans un article, 'Le volontaire et la nécessité: réflexions sur la descente de l'âme dans la philosophie de Plotin', *Revue philosophique de la France et de l'Etranger* 102 (1977) 401-422.

[2] Au début du passage cité, Celse parle des «hommes» qui sont assujettis au corps (II 268.8 éd. Koetschau), mais le sujet de sa phrase se change en «l'âme» qui doit se délivrer (II 268.10-11 éd. K.). Pour se rapporter à ce dernier sujet, le participe dans le fr. 115.7 passe du masculin (singulier ou pluriel) au féminin singulier, et en même temps le terme choisi par Empédocle, φυομένους (Hipp.; -ov, Wilamowitz), a été dégradé en une expression conventionnelle, γινομένην. Ce verbe reprend le terme utilisé par Celse même dans la formule du début de la citation d'Origène (II 268.8 éd. K.).

[3] La notion de «purification» renvoie à un chapitre précédent de l'ouvrage, où Celse fait allusion aux Chrétiens qui croient à la résurrection du corps et qui sont, par là, «naïfs et non-purifiés» (ἄγροικοι καὶ ἀκάθαρτοι, VIII 49 = II 263.28-264.5 éd. K.). La citation du fr. 115 s'adresse, en revanche, aux Chrétiens qui reconnaissent la nature divine de l'âme (*cf.* VIII 49 = II 264.5-15 éd. K.) et qui, par conséquent, partagent la croyance de Celse lui-même à la possibilité de «délivrance et de purification».

Plutarque. Il cite le fr. 115 – ou y fait allusion – au moins cinq ou six fois dans les écrits qui nous restent de lui.[1] Dans son essai *De Iside et Osiride* notamment, Plutarque traite à peu près de la même question que Celse: il existe des *daimones* qui doivent payer les fautes qu'ils ont commises (chap. 26, 361C). Suivent quatre vers décrivant l'exil du *daimon* parmi les éléments. Ces vers, dans la citation d'Hippolyte et dans sa paraphrase, viennent après les vers cités par Celse (fr. 115.9-12). Plutarque ajoute, «jusqu'à ce qu'ils soient punis de cette façon et purifiés (καθαρθέντες) et qu'ils reprennent la place et l'état qui étaient les leurs en raison de leur nature». Preuve éloquente. La coïncidence, si coïncidence il y a, du rapprochement entre le fr. 115 et la «purification», ou les «purifications», se retrouve maintenant chez au moins trois auteurs: Hippolyte, Celse et Plutarque.

M. van der Ben, il est vrai, tient compte de ce dernier témoignage, tard et brièvement, dans une parenthèse à sa note sur le fr. 115.10. Notre auteur y affirme que le rejet du *daimon* par les éléments dans le fr. 115 n'est pas considéré comme une purification. «La seconde moitié de la paraphrase de Plutarque» serait donc fausse (p.154).[2] Mais la distinction entre punition (dans le fragment) et purification (chez Plutarque) est arbitraire. Encore est-il clair que notre auteur a tort de ne voir dans cette remarque de Plutarque qu'une paraphrase – une simple évocation des vers que Plutarque a précédemment cités. La connaissance qu'a Plutarque du poème ne se borne pas en effet aux vers qu'il a choisi de transcrire. Au contraire, en évoquant dans ce contexte le thème de purification, Plutarque tient évidemment à nous faire savoir, non seulement ce qui est directement énoncé dans les vers qu'il a cités, mais aussi le sens qui était sous-entendu dans leur contexte d'origine. Ayant présentes à l'esprit les péripéties du *daimon* racontées dans la suite du poème, Plutarque affirme que les souffrances du *daimon* déchu sont aussi une purification et amènent le retour de ce *daimon* parmi les dieux («à la place et à l'état qui

---

[1] Voir la liste des sources ('Fr. 115: *index fontium*'), dressée à la fin de notre ouvrage.

[2] Cette parenthèse est proposée sous forme de réponse à un article de J. P. Hershbell, 'Plutarch as a source for Empedocles re-examined', *AJPh* 92 (1971) 156-184, voir notamment 166. M. Hershbell retient à juste titre l'expression du traité *De Iside et Osiride* comme preuve de la provenance des vers cités par Plutarque.

étaient les leurs de par leur nature»). Si l'on cherche à montrer qu'en parlant d'une purification Plutarque a faussé le sens et la portée des vers qu'il a cités, il faut étayer cette hypothèse par des raisons ponctuelles et spécifiques. Il n'y a rien d'intrinsèquement suspect dans le fait que Plutarque prétende nous en apprendre davantage que ce que nous pourrions apprendre par les vers eux-mêmes, privés – puisque c'est le cas pour nous – de leur contexte d'origine.[1]

Revenons donc à l'argumentation de M. van der Ben dans son Introduction. Nous pouvons laisser de côté l'assertion finale (p.21), selon laquelle la phrase ἔστιν ἀνάγκη χρῆμα (c'est la leçon que notre auteur choisit pour le fr. 115.1) «a l'air d'être exactement celle qui commence le poème» et qu'elle «est comparable aux premiers vers de l'*Iliade* et de l'*Odyssée*». Voilà en effet le moment où il est clair que le seuil de la subjectivité a été franchi. Le seul argument positif en faveur de la thèse de M. van der Ben est en effet celui que nous avons énoncé au début de ce chapitre, à savoir celui tiré de la comparaison entre l'introduction de Plutarque au fr. 115 et celle de Diogène au fr. 112.

Dix pages d'argumentation négative (pp. 16-25) ne font que dissimuler la seule preuve alléguée qui soit de nature positive et qui, une fois tirée au clair, se trouve aller contre la thèse de M. van der Ben et favoriser l'insertion du fr. 115 dans le poème religieux. Car M. van der Ben ne fait allusion qu'à la première partie du texte d'Hippolyte, où le fr. 115 est mis en rapport avec l'alternance de l'un et du multiple, sous l'influence de l'Amour et de la Discorde. En s'appuyant sur ce texte, il conclut que les vers cités devraient

---

[1] D'autres indices dans l'oeuvre de Plutarque peuvent aller dans le même sens. Par exemple, dans son essai, *De vitando aere alieno*, chap. 7, 830E-831A, Plutarque cite le fr. 115.9-12, en parlant du débiteur renvoyé d'un créancier à l'autre tout comme le *daimon* est renvoyé d'un élément à l'autre. Cette image est ensuite élargie, 831A-B, pour tenir compte des «colériques» qui n'arrivent pas à se «purger» de leur maladie (καθαρθῆναι), tout comme le débiteur, qui n'arrive pas à se «purger» de ses dettes et intérêts. Si le fr. 115 vient des *Katharmoi*, il sera légitime de voir ici un double jeu de mots: le débiteur aurait besoin d'une triple «purge», à la fois financière, médicale et religieuse. Mais puisque le contexte médical suffit à attacher un sens à l'image de «purge», ce texte ne peut indiquer par lui-même la provenance du fragment.
Dans son dialogue, *De sollertia animalium*, chap. 7, 964D-E, Plutarque semble faire allusion au fr. 115 en parlant de «purification». Mais ici encore le contexte est trop général, le rapprochement d'idées trop vague, pour qu'on puisse en tirer une preuve indépendante.

être replacés dans le poème cosmique, et ce faisant il néglige l'allusion du chapitre suivant qui précise que, pour Hippolyte, le fr. 115 faisait partie des enseignements d'Empédocle sur les «purifications» (ou même de ses *Purifications*).

M. van der Ben néglige également de rapprocher ici le fr. 115 de la «purification» mentionnée par Celse et par Plutarque. Loin d'être soutenue par un appareillage de preuves subsidiaires, l'argumentation initiale de M. van der Ben ne présente donc aucun témoignage positif supplémentaire en sa faveur. Bien au contraire, l'hypothèse d'un contexte cosmique du fr. 115 va à l'encontre du témoignage de trois auteurs: Celse, l'un des plus anciens écrivains à citer ces vers, Hippolyte, notre source principale pour le texte de ce fragment, et Plutarque – l'auteur sur lequel M. van der Ben va pourtant s'appuyer pour soutenir sa thèse.[1]

---

[1] Nous n'avons pas traité de la valeur de ces trois sources. Plutarque est l'auteur d'un ouvrage sur Empédocle en dix volumes, qui n'existe plus (fr. 24 éd. Sandbach; cf. *ECC* 32-33). Il est donc fort peu probable qu'il ait ignoré le cadre contextuel du fr. 115.

Quant à Hippolyte, les premiers chapitres de sa *Réfutation* (I 3 = DK 31A1) témoignent d'une profonde ignorance de la doctrine d'Empédocle. En revanche, dans les chapitres dont il est ici question (*Ref.* VII 29-31), Hippolyte dispose d'une documentation de qualité exceptionnelle. Il est possible (voir les Notes complémentaires, pp. 94-97 *infra*) que Plutarque en ait été à l'origine.

Origène précise que Celse parlait «souvent» de Pythagore, de Platon et d'Empédocle (I 32 = I 84.19-21 éd. K.). Th. Keim proposait de limiter cette remarque à Pythagore et à Platon, en rappelant que le nom d'Empédocle ne se retrouve nulle part ailleurs dans les citations qu'a faites Origène de l'oeuvre de Celse: voir *Celsus' Wahres Wort* (Zürich, 1873) 132 n. 1, 186 n. 1. Mais cette observation n'est pertinente que si nous croyons, comme Keim, que l'ouvrage entier de Celse puisse être reconstitué à partir des citations faites par Origène. Il est au contraire manifeste qu'Origène néglige beaucoup d'éléments secondaires à son propos: voir l'«*Einleitung*» de l'ouvrage de R. Bader, *Der Ἀληθὴς λόγος des Kelsos*, dans la collection *Tübinger Beiträge zur Altertumswissenschaft* 33 (Stuttgart/Berlin, 1940). Les extraits discontinus cités par Origène suggèrent en effet plus d'une occasion où des citations d'Empédocle auraient été fort à propos.

CHAPITRE IV

AUTRES TÉMOIGNAGES DE PLUTARQUE SUR LA MÊME QUESTION; LA CITATION PAR SIMPLICIUS DU FRAGMENT 17

Que vaut donc l'argumentation destinée à prouver que le fr. 115 aurait sa place au début du poème cosmique? Est-il exact qu'il n'existe pas d'autres vers qui puissent faire office de préambule?

Diogène fait état du discours d'Empédocle à ses amis d'Acragas, en précisant qu'il provient du début du poème religieux (VIII 54, *cf.* VIII 62, DK fr. 112). Le même auteur nous informe que le poème cosmique était dédié à Pausanias, et il en cite un vers qui comprend le patronyme de celui-ci. Cette dernière indication nous permet de penser que ce vers cite pour la première fois le destinataire de ce poème (*cf.* VIII 60-61, DK fr. 1). La présence d'un disciple préféré pourrait expliquer les exhortations, à l'impératif singulier, que l'on retrouve plusieurs fois dans le poème cosmique, à écouter attentivement (fr. 17.14), à ne pas rester assis là, bouche bée (fr. 17.21), etc. Quelques-uns de ces impératifs apparaissent dans un fragment où Empédocle s'adresse, non seulement au disciple, mais encore aux dieux et à une Muse (fr. 3). Cette Muse est invitée à quitter le temple de la Piété dans son chariot facile à conduire (fr. 3.5). Dans ces vers, la similitude avec le chariot qui amène Parménide à la demeure de la déesse (fr. 1) saute aux yeux. Aussi est-il essentiel de faire observer que la description de la déesse apparaît chez Parménide au début même du poème (Sextus, *Adv. math.* VII 111-114; *cf.* DK *ad loc.*). Une telle invocation à une déesse, ou à une Muse, constitue d'ailleurs l'ouverture presque rituelle d'un poème épique. En témoignent, avec certitude cette fois, l'*Iliade* et l'*Odyssée*. Empédocle, comme Parménide, suit la tradition épique. L'hypothèse s'impose: de même que le poème religieux commençait par un discours aux amis d'Acragas, de même c'est par un discours à Pausanias et à la Muse que débutait le poème cosmique.[1]

---

[1] Nous avons supposé qu'au fr. 3.5 (παρ' Εὐσεβίης ἐλαύνοισ' εὐήνιον ἅρμα), c'est la Muse qui vient du temple de la Piété, conduisant un char «facile à

En quoi cette conclusion affecte-t-elle la place du fr. 115 proposée par M. van der Ben? Notre auteur a augmenté ce fragment d'une trentaine d'autres, soit par des insertions soit par des ajouts, si bien qu'on arrive en tout à une soixantaine de vers complets ou tronqués (bien plus d'une centaine, si l'on compte les vers qui relient les fragments), constituant dans leur ensemble le début du poème cosmique (frr. 30, 116-127, 129, 135-140, 142-147, 152, 153, dans le recueil de Diels). Or, la disposition de ces fragments par M. van der Ben ne laisse place ni à la mention de Pausanias ni à celle de la Muse. Pourtant, si le discours aux amis d'Acragas constitue le début du poème religieux (ἐναρχόμενος, Diogène), et si la Muse et son chariot ouvrent le poème de Parménide (ἐναρχόμενος, Sextus), il est alors invraisemblable que le discours d'Empédocle à Pausanias et son invocation à la Muse aient été différés aussi longtemps que le présume la distribution des fragments proposée par M. van der Ben.

Il y a plus grave. Aristote et Théophraste, Plutarque et Simplicius, sont les seuls auteurs de l'Antiquité (dont les oeuvres sont conservées) à avoir lu le poème cosmique d'Empédocle dans sa totalité, ou en majeure partie, et à se référer fréquemment à son contenu. Or, Aristote et Théophraste ne se sont pas souciés de «localiser» leurs références et leurs citations. Cette pratique n'est apparue qu'à une époque ultérieure, où les poèmes d'Empédocle étaient moins connus, sinon totalement ignorés par la grande majorité du public. Le plus consciencieux de ceux qui ont pratiqué la «localisation» a été Simplicius: son aisance à parcourir le poème, pour en recueillir des vers au gré des exigences de son commentaire, est incontestable, et il localise souvent ces citations (cf. *ECC* 149 sqq.). Un exemple de l'intime connaissance qu'avait Simplicius du poème d'Empédocle est décisif pour le problème qui nous occupe. La citation la plus longue de Simplicius, le fr. 17

---

conduire»; la même épithète pour les attelages divins se retrouve en effet chez Platon, *Phaedrus* 247B2. On pourrait tout aussi bien supposer que c'est le poète qui «prend son point de départ chez Piété», en se laissant guider par la Muse; c'est l'interprétation notamment de B. A. van Groningen, *La composition littéraire archaïque grecque* (Amsterdam, 1958) 202 n.3. Une tout autre interprétation est celle de M. Bollack *Empédocle* III 1, 30-31. Il prétend que «*Piété* est debout sur le char», la Muse «se tenant à côté»; mais l'emploi adverbial de παρά nous paraît, dans ce contexte, inadmissible. Ce mot, suivi d'un génitif et suivi ou précédé d'un verbe de mouvement, signifie régulièrement «*inde a, a cuius latere, e propinquo*», voir LSJ *s.v.* § II 1, H. Ebeling, *Lexicon homericum s.v.* C 1.

dans le recueil de Diels, est présentée comme provenant du «premier livre» du poème cosmique (*Phys.* 157.27). Plus précisément encore, quelques pages plus loin, Simplicius cite de nouveau les deux premiers vers de cette série, et signale qu'ils se trouvaient «au tout début» du poème (εὐθὺς ἐν ἀρχῇ, *Phys.* 161.14-15). Vu l'ordre dans lequel M. van der Ben a disposé les fragments, comment cela se peut-il? Trente fragments, soit bien plus de soixante vers au total, en comptant les vers qui relient les fragments – et toujours pas d'invocation à la Muse ni de discours à Pausanias; et c'est seulement après ces soixante vers, après cette invocation, après ce discours, que nous pourrions situer les vers qui, selon Simplicius, se trouvaient «au tout début».

Nous voici dans une impasse. Revenons donc aux témoignages, avec un minimum de conjectures. Nous avons deux allocutions, l'une aux amis d'Acragas (fr. 112), l'autre à Pausanias et à la Muse (frr. 1 et 3, à supposer que Pausanias soit bien la personne qui se voit intimer l'ordre de «se remuer un peu» au fr. 3.9). La première allocution venait, selon Diogène, au début du poème religieux. La seconde faisait partie, toujours selon Diogène, du poème cosmique. Une comparaison avec le poème de Parménide, et de façon plus générale avec le style de la poésie épique, suggère que cette seconde allocution se plaçait également au début d'un poème. Nous avons, en outre, deux séries de vers qui, sans avoir l'allure d'une allocution, doivent être placées au début d'un poème. Ce sont le fr. 115 cité par Plutarque et le fr. 17 cité par Simplicius. Simplicius nous dit explicitement que sa citation était tirée du poème cosmique, au premier livre, et à son tout début. Plutarque n'est pas moins affirmatif: sa citation est «une préface, au début de la philosophie d'Empédocle»; mais il ne précise pas à quel poème il fait par là allusion.

Une fois les données essentielles clairement exposées dans leur totalité, la conclusion qui en découle est claire. Elles n'interdisent certes pas de jongler avec les frr. 17 et 115, en essayant de les placer ici ou là au «début» du poème cosmique. Mais elles nous incitent beaucoup plus directement à penser que le fr. 17 de Simplicius suit de près l'allocution à Pausanias et l'invocation à la Muse (frr. 1 et 3), au début du poème cosmique, et que le fr. 115 de Plutarque suit l'allocution aux amis d'Acragas (fr. 112), et appartient donc au poème religieux. C'est aussi cette conclusion que les remarques d'Hippolyte semblent bien indiquer, dans le contexte où il cite ce fragment; c'est celle qu'indique encore, semble-t-il, Celse; c'est celle enfin qu'indique, dans un autre contexte, Plutarque.[1]

Ce raisonnement peut susciter deux critiques différentes, voire opposées. Notre conclusion confère aux expressions qui sont employées dans les deux témoignages, dans celui de Plutarque comme dans celui de Simplicius, un degré de précision qui peut paraître exagéré. Elle peut laisser penser que nous nous efforçons de donner trop de sens à des affirmations qui, même chez Simplicius, ne sont souvent en réalité que des remarques incidentes de pédant. Plus inquiétante, à notre sens, est la critique inverse. Dans notre interprétation, ni la citation que Simplicius fait d'Empédocle (au «tout début» du poème cosmique) ni celle qu'en fait Plutarque (une «préface» à la philosophie d'Empédocle) ne devront, en effet, être acceptées comme étant, au pied de la lettre, les tout premiers mots du poème.

Plus précisément, en ce qui concerne Simplicius, nous avons peut-être simplifié la présentation des données en parlant d'un discours à Pausanias et d'une invocation à la Muse comme étant les seuls antécédents d'une citation qui, selon lui, se trouvait «au tout début» du poème. Reprenons le passage de Sextus où l'on trouve la description de la Muse et de son chariot, et l'injonction faite à un disciple, Pausanias selon nos suppositions, de puiser dans toutes les ressources de son intelligence (*cf.* fr. 3). Sextus affirme que ce fragment était précédé d'un développement, qu'il cite aussi, sur la puissance limitée, «l'étroitesse» des sens (fr. 2; cf. *Adv. math.* VII 122-125). Ailleurs il cite une énumération des éléments qui débute par l'expression πρῶτον ἄκουε (fr. 6; cf. *Adv.*

---

[1] *A titre de rappel provisoire.* Selon notre hypothèse, le poème cosmique débutait par le discours à Pausanias et l'invocation à la Muse (*cf.* ἐναρχόμενος, Sextus à propos de Parménide), après lesquels venait le fr. 17 (εὐθὺς ἐν ἀρχῇ, Simplicius), alors que le poème religieux débutait par le discours aux amis d'Acragas (fr. 112: ἐναρχόμενος, Diogène), après lequel venait le fr. 115 (προαναφωνήσας, Plutarque). Selon l'hypothèse de M. van der Ben, le fr. 115 (et d'autres fragments, soixante vers au total, sans compter les vers qui relient les fragments) précédait les éléments que nous avons remis au début du poème cosmique.

Nous relèverons, plus avant dans notre exposé, un autre texte où Plutarque semble faire allusion au fr. 115 sous forme de «prélude»: voir les Notes complémentaires, pp.97-98 *infra*. Nous signalerons également (pp.98-100 *infra*) une nouvelle preuve que peut donner Plutarque de la place du fr. 115 dans le poème religieux.

math. X 315). Toutes ces données, à tout le moins les fragments 2 et 3, selon l'interprétation que nous avons esquissée, ont dû être négligées par Simplicius, pour qu'il en arrive à écrire que le fr. 17 était placé «au tout début» du poème.

Est-il vraisemblable que, ce disant, Simplicius ait sauté un si grand nombre de vers? C'est en tout cas ce qu'a fait Platon en reprenant deux vers du *Chemin de la vérité*. Platon affirme en effet de Parménide qu'il «commence et continue jusqu'à la fin» (*cf.* ἀρχόμενός τε καὶ διὰ τέλους) en «répétant à outrance» (ἀπεμαρτύρατο) que «l'être ne peut jamais être le non-être, et que nous devons éloigner tout à fait nos pensées de cette voie» (fr. 7.1-2; *Soph.* 237A). Par Sextus, nous savons que ce «commencement» doit être placé après la description détaillée qu'a faite Parménide de son trajet vers la demeure de la déesse (fr. 1; *Adv. math.* VII 111-114). On comprend bien pourtant que Platon ait laissé de côté ces détails figuratifs et liminaires, en associant «l'ontologie» au «commencement» du message de Parménide. L'attitude de Simplicius est analogue. Il laisse de côté Pausanias, la Muse, «l'étroitesse» des sens, et peut-être même une énumération (brève et préliminaire?) des éléments, en considérant que chez Empédocle l'alternance entre l'Amour et la Discorde était bien le «commencement même» du poème.

Plutarque a-t-il agi de façon différente? Que suppose en effet l'expression plus appuyée qu'emploie Plutarque, en introduisant le fr. 115: «une préface, au commencement de la philosophie»? Une telle expression serait sans doute un peu forcée, si ce fragment devait se placer dans le poème cosmique, après la description assez longue de «l'étroitesse» des sens, le discours à Pausanias, l'invocation à la Muse, l'énumération des éléments. Mais après une allocution d'Empédocle à ses amis d'Acragas, et un récit de sa renommée et des foules qui le suivaient (fr. 112), il n'est guère surprenant que Plutarque considère la déclaration sur la nécessité comme un avant-propos à la «philosophie» proprement dite.[1]

Il est exact que, dans le recueil de Diels, deux autres fragments interviennent. En deux vers, Empédocle se demande si la renommée a véritablement une telle valeur (fr. 113). Trois vers sont de nouveau adressés à des «amis» et affirment la vérité de la doctrine

---

[1] Sur la signification précise que peut avoir la notion de «prélude» chez Plutarque, voir aussi pp.97-98 *infra*.

du poète et la difficulté d'obtenir «l'élan vers la conviction» (πίστιος ὁρμή, fr. 114). Ce second fragment est de la même veine que le récit plus complexe des difficultés qui font obstacle à notre entendement, récit transcrit par Sextus et qui, d'après notre analyse, proviendrait du début du poème cosmique (fr. 2). Le fr. 114 pourrait certes se placer après le fr. 115, mais nous préférons nous en tenir à l'hypothèse d'un parallélisme de composition entre les deux poèmes. Le fr. 114 est assez court pour qu'il précède les vers désignés par Plutarque comme «préface» à la «philosophie» réelle d'Empédocle, la déclaration sur la nécessité (fr. 115).[1]

Mais nous voilà bien loin des preuves alléguées par M. van der Ben. L'analyse qu'il propose de la place du fr. 115 ne tient pas compte des informations que nous donne Simplicius sur la position du fr. 17. Elle ne fait mention ni de la Muse, ni de Pausanias, ni de l'«étroitesse» des sens. Il est vrai que, dans une brève note à la fin de son Introduction, M. van der Ben essaie de comparer le proème de Parménide au proème d'Empédocle – si l'on admet que ce qu'il a lui-même reconstitué est bien le proème d'Empédocle. Chez les deux auteurs, il y aurait un «itinéraire» à «valeur didactique» (n.103 = p.96). Mais ce rapprochement est paradoxal, pour ne pas dire illogique. Comment se peut-il en effet que le trajet de Parménide, loin de «la résidence de la nuit», «vers la lumière» (fr. 1.9-10), corresponde au voyage que fait Empédocle dans la direction opposée, si l'on peut dire, vers le royaume de la mort, à «l'endroit détestable», au «champ d'Atè», là où des êtres «se traînent dans les ténèbres» (fr. 121)? Comment se fait-il qu'en s'ingéniant à rapprocher «lumière» et «ténèbres» notre auteur ait négligé l'analogie beaucoup plus apparente, nous semble-t-il, entre l'accueil fait à Parménide par la déesse, chez elle (fr. 1.24-26), et la visite que fait à Empédocle la Muse, venant du temple de la Piété (fr. 3.5)?

Certes, plus loin dans sa thèse (pp.41 et 43), M. van der Ben fera brièvement allusion aux frr. 2 et 3. Il observe que Stein a considéré ces deux fragments comme faisant partie de l'exorde du poème cosmique. Diels, selon lui, n'aurait pas partagé cet avis. Mais

---

[1] Zuntz, *Persephone* 241-242, cherche à rapprocher le fr. 114 et le fr. 133, en citant Lucrèce, V 97-100 (= fr. 114) et 101-103 (= fr. 133); ces deux fragments (et le fr. 131) constituent pour lui l'ouverture d'un second livre du poème religieux (*cf.* p.5 n.1 *supra*). Le second parallèle semble indiscutable, mais le premier (V 97-100 = fr. 114) nous paraît douteux.

même alors il n'examine pas pour elle-même la possibilité que ces deux fragments fassent partie du proème.[1]

Cette omission est d'autant plus singulière que notre auteur se réfère dans ce contexte (n.71 = p.87) à l'ouvrage de M. van Groningen, *La composition littéraire archaïque grecque*, sans citer néanmoins les pages (201-204) qui contiennent une analyse utile de ces deux fragments.[2] M. van Groningen les a présentés en effet comme exorde du poème cosmique; il en a établi une comparaison soigneusement nuancée avec le proème de Parménide; et il a mentionné (p.206) le témoignage de Simplicius sur la position du fr. 17 «au tout début» du poème cosmique. M. van der Ben n'a pas repris l'examen de toutes ces informations. Cette omission empêche le lecteur de partager l'assurance de notre auteur (p.25) qui aurait «prouvé» que l'attribution du fr. 115 au poème religieux était «absolument insoutenable». Au contraire, il nous semble que M. van der Ben *in contraria currit*. Ce qu'il dit du nombre de livres et de vers dans les deux poèmes comprend un ajout arbitraire aux données que nous possédons. En revanche, son analyse de la position du fr. 115 omet des preuves qui sont essentielles au problème.

Un examen complet des données conduit en effet à des conclusions très différentes de celles de M. van der Ben. Les témoignages d'Hippolyte, de Celse et de Plutarque invitent à penser que le fr. 115 appartenait à un récit de «purification» ou de «purifications», et donc au poème qui portait ce titre. Les données relatives à la répartition des fragments se comprennent de la façon la plus simple si nous supposons que ce fragment venait au début de ce poème, après une allocution aux amis d'Empédocle à Acragas (fr. 112), et peut-être après un court récit des difficultés qui jalonnent le chemin de la croyance (fr. 114). Le fr. 17 se placerait alors au début du poème cosmique, après une allocution à Pausanias et une invocation à la Muse (fr. 3), et après quelques réflexions plus

---

[1] Nous voyons mal d'où vient la thèse dont M. van der Ben attribue ici la paternité à Diels. En effet, notre auteur semble souvent mettre sur le compte de Diels des «opinions» qui ne sont en réalité que des inférences qu'il a lui-même tirées de la distribution des fragments dans les deux recueils. *Poetarum philosophorum fragmenta* et *Fragmente der Vorsokratiker*.

[2] B. A. van Groningen, *La composition littéraire archaïque grecque*, dans la collection *Verhandelingen der Koninklijke Nederlandse Akademie van Wetenschappen, afdeling Letterkunde*, n.r. deel 65 no.2 (1958). M. van der Ben renvoie aux pages 70-82.

complexes sur les obstacles à la connaissance et à la perception humaines (fr. 2).

La structure des deux poèmes présenterait en effet une répartition analogue entre certains préliminaires et le commencement de la partie doctrinale du poème. C'est ainsi que la préface au *poème cosmique* aurait contenu une première allocution à Pausanias (fr. 1: Pausanias étant celui à qui était adressé le poème cosmique, selon Diogène), des observations sur l'«étroitesse» des sens (fr. 2), enfin une nouvelle allocution à Pausanias accolée maintenant à un appel à la Muse (fr. 3, cité par Sextus comme suivant le fr. 2). Succéderait alors à ces fragments le thème de l'alternance de l'un et du multiple (fr. 17, «tout au début» du poème cosmique, selon Simplicius), peut-être précédé d'une brève énumération des éléments (fr. 6). De façon strictement analogue, la préface au *poème religieux* aurait compris une allocution aux amis d'Acragas (fr. 112, «au début des *Katharmoi*», Diogène), des observations sur la précarité de la gloire humaine (fr. 113), enfin une nouvelle allocution à des amis et des remarques sur la difficulté d'atteindre à la croyance (fr. 114, *cf.* fr. 2). Tous ces vers seraient alors suivis de la partie doctrinale du poème où se trouvent la déclaration sur la nécessité et l'histoire des errances du *daimon* exilé (fr. 115: «une préface au commencement de sa philosophie», Plutarque).[1]

---

[1] Syrianus parle de «vers placés à l'ouverture de toute la théologie» d'Empédocle (*Met.* 187.20-23). Nous reviendrons sur ce texte, et sur la preuve que l'on peut espérer en tirer, dans une Note complémentaire (voir pp. 105-107 *infra*).

CHAPITRE V

CONSIDÉRATIONS RELATIVES A L'INTERPRÉTATION DU CYCLE COSMIQUE: LES FRAGMENTS

Pour M. van der Ben, «la position du DK 115» serait «la pierre angulaire de tout arrangement possible des fragments» (p.25). Puisque les preuves alléguées par M. van der Ben pour situer ce fragment ne nous paraissent pas décisives, et que sa conclusion nous semble loin d'être «établie», nous serions peut-être tenté de renoncer à poursuivre plus avant l'examen de sa thèse. Mais dans la suite de son Introduction (pp.26 sqq.) l'auteur entame un sujet qui nous tient à coeur, la question de l'interprétation «cyclique» d'Empédocle.

Aristote et une majorité d'exégètes modernes interprètent la pensée d'Empédocle suivant la théorie d'une alternance de périodes cosmiques et non-cosmiques. L'un et le multiple se succèdent l'un à l'autre dans le temps. La période d'unité est une période non-cosmique. L'éclosion de la multiplicité est aussi une génération du cosmos. C'est ce que nous appellerons désormais l'interprétation «cyclique» d'Empédocle. Deux fragments sont essentiels à cette interprétation. Le fr. 17 (les vers cités par Simplicius comme étant «au tout début» du poème cosmique) évoque l'idée d'une alternance de périodes d'unité et de multiplicité. Le fr. 30 (trois vers cités par Aristote et par Simplicius) fait état du passage de l'un au multiple.

M. van der Ben met en cause cette interprétation dans son analyse du fr. 115. La citation de ce fragment par Hippolyte est émaillée de gloses et de commentaires: Diels les sépare, et fait imprimer les vers d'un seul tenant. M. van der Ben préfère répartir en trois groupes l'ensemble des vers cités dans ce contexte. Entre le premier et le deuxième groupe (fr. 115.8/9), il propose d'intercaler le fr. 30. Il est contraint, pour justifier ce nouvel encadrement du fragment, de détacher ce dernier de l'alternance de périodes cosmiques et non-cosmiques. Pour ce faire, il s'efforce de prouver qu'il n'y avait pas d'alternance de ce genre. Selon lui, aucune alternance de périodes cosmiques et non-cosmiques ne serait rappelée dans les fragments. Une telle alternance ne serait pas attribuée par Aristote à Empédocle, et serait inconnue de Simplicius, ou du moins ne serait pas connue de lui en tant qu'interprétation d'Empédocle donnée par Aristote. Enfin, l'idée d'un «cycle cosmique» aurait été, dans sa totalité, la création d'Eudème.

Reprenons, dans ce chapitre, l'examen des fragments, et notamment le fr. 17.

Au dire de M. van der Ben, le fr. 17.1-13 «n'a aucun rapport à l'univers» parce qu'il décrit «la naissance et la mort d'*êtres mortels*» (p.29: les italiques sont de l'auteur). Mais l'un n'exclut pas l'autre. A moins qu'il ne s'agisse d'un cosmos unique et éternel – et là se trouve l'enjeu du problème – le contenu du cosmos et sa structure actuelle sont tous deux périssables. Le cosmos est donc lui-même un «être mortel».

Plus précisément, d'après l'interprétation cyclique du fr. 17, la naissance et la mort des «êtres mortels» (θνητῶν, fr. 17.3) font partie de l'alternance entre l'un et le multiple («l'unique» et «les plus d'un», *cf.* ἕν, πλέονα). Dans cette interprétation, le sujet du fragment comprend à fois la naissance et la mort des êtres mortels pendant la période de multiplicité (le temps où les choses sont «plus d'une», πλέονα), et une période non-cosmique d'unité (le temps où les choses se sont unies pour «ne plus faire qu'un», *cf.* ἕν ... μόνον). Cette alternance, amorcée déjà dans les premiers vers du fragment, comprend en effet la vie de «l'univers» (*cf.* τὸ πᾶν, fr. 17.32).

Seconde objection de M. van der Ben (n.32 = p.78): la déclaration d'Empédocle au début de ce fragment selon laquelle «l'unique s'accroît pour émerger, seul, de plusieurs» (ηὐξήθη, fr. 17.1-2) ne pourrait désigner une période d'unité cosmique. En effet, plus loin dans ce fragment Empédocle se demande quelle est la chose qui pourrait «augmenter le tout» (ἐπαυξήσειε, fr. 17.32), et laisse entendre que rien ne saurait le faire. Ce ne serait donc pas «le tout», «l'univers», qui «s'accroît» aux premiers vers du fragment.

En formulant cette objection, notre auteur semble ne pas se rendre compte que le sujet du second verbe et le complément d'agent du premier – ce qui ferait accroître (v.32) et ce par quoi le tout s'accroît (v.1) – sont différents. Au début du fragment (vv.1-2), l'unique s'accroît des choses qui sont «plus d'une», lesquelles, à leur tour, existeront du fait de la dissolution de l'unique. L'intention d'Empédocle est claire: l'unique «augmente» ou naît des composantes du cosmos. Tout autre est le sens de ce verbe à la fin du fragment. Le problème ici (v. 32) est de savoir si n'importe quoi (τι) peut provenir de l'extérieur du «tout» pour s'y ajouter. Que ce soit là le sens voulu par l'auteur devient clair dès que l'on tient compte de la forme du verbe, du contexte, de l'imitation de Parménide.

Parménide tient à éliminer la possibilité qu'une chose réalise son existence «à côté» de ce qui existe (παρ' αὐτό, fr. 8.13). Empédocle s'inspire de cette idée, à cette nuance près que s'il pouvait y avoir quelque chose de supplémentaire, ce ne saurait être qu'«ajouté» aux constituantes du cosmos (cf. πρὸς τοῖς, fr. 17.30). Ainsi s'explique l'addition par Empédocle d'un préfixe au verbe simple qu'emploie Parménide. «Accroître» chez Parménide (αὐξηθέν, fr. 8.7) devient en effet, pour Empédocle, «s'ajouter en accroissant» (ἐπαυξήσειε, fr. 17.32; cf. ἐπιγίνεται, v. 30). Empédocle diffère également de Parménide en dénommant ce qui existe «le tout» (τὸ πᾶν, v. 32). La réponse à la question, «Qu'est-ce qui pourrait accroître le tout en s'y ajoutant?» (v. 32) est donc contenue implicitement dans la tautologie: rien ne peut accroître ce qui est déjà «tout».

Une fois reconnu le contexte éléatique de ce raisonnement, il est manifeste que l'usage de l'expression ἐπαυξήσειε à la fin du fragment (v. 32) n'entrave d'aucune façon l'usage de l'expression ηὐξήθη au début du fragment (v. 1). Nier (v. 32) que «le tout» puisse être augmenté par un élément considéré *per impossibile* comme venant de *l'extérieur* du «tout» ne saurait en rien atténuer l'affirmation (vv. 1-2) que l'un («l'unique») s'accroît des éléments qui sont à *l'intérieur* du cosmos.

Si la *source* de l'augmentation (ce qui réalise, ou ce qui pourrait réaliser l'accroissement) est différente dans les deux contextes, le *produit* de l'augmentation (ce qui s'accroît, ou ce qui pourrait s'accroître) l'est aussi. L'argument éléatique d'Empédocle suit une description détaillée des deux principes de son système, l'Amour et la Discorde (fr. 17.19 sqq.). Ce «tout» auquel rien ne peut s'ajouter comprendra, par conséquent, l'Amour et la Discorde. En revanche, lorsqu'Empédocle décrit ailleurs, et de façon plus détaillée, le processus d'unification, il nous apprend qu'au fur et à mesure que les éléments sont réunis par l'Amour, la Discorde est repoussée «aux limites extrêmes du cercle» (fr. 35.10).[1]

---

[1] Nous reprenons ici le terme d'«éléments», anachronique en l'occurrence, pour désigner les quatre «racines» énumérées au fr. 6: l'air, l'eau, le feu, la terre.

On peut donc supposer que lorsque sera achevé ce processus d'unification, la Discorde se trouvera à l'extérieur, ou à la limite extrême du cercle, et sera donc séparée à ce moment des éléments qui y résident. Il s'ensuit que «l'unique» qui est l'aboutissement de ce processus d'unification exclut la Discorde; ce qui n'est guère étonnant, puisque la Discorde est précisément le principe selon lequel les éléments se divisent pour reconstituer une pluralité (*cf.* fr. 17.2 et 8). Nous en concluons que «le tout» auquel rien ne peut s'ajouter (fr. 17.32) comprend la Discorde, alors que l'«un» qui s'accroît du multiple (vv.1-2) l'exclut.

Encore une précision. Empédocle parle du «rassemblement de toutes choses en une seule par l'Amour», puis «des choses qui sont repoussées les unes des autres par ce pouvoir qu'est la Discorde» (fr. 17.7-8). Ces deux énoncés supposent une distinction entre l'objet et l'agent, signalée par un datif d'instrument (φιλότητι, v.7; νείκεος ἔχθει, v.8). Il s'ensuit, pour des raisons à la fois grammaticales et logiques, que l'Amour et la Discorde sont à distinguer ici de «toutes <les> choses» (ἅπαντα, v.7) qui sont soumises à leur influence. Il faut donc distinguer «toutes choses» au début du fragment (πάντων, v.4; ἅπαντα, v.7) et «le tout» ou «l'ensemble» à la fin du fragment (τὸ πᾶν, v.32). «Le tout» comprend l'Amour et la Discorde. «Toutes choses» sont soumises à l'influence de l'Amour et de la Discorde, et en sont par conséquent implicitement distinctes.

Bref, nous aimerions distinguer trois expressions. L'«un» ou l'«unique» (v.1) comprend à la fois les éléments et l'Amour, tout en excluant la Haine. «Toutes choses» (vv.4 et 7) désigne les éléments qui sont unis et séparés par l'Amour et par la Haine et qui en sont par conséquent implicitement distincts. «Le tout» (v.32) comprend toutes les composantes de l'univers d'Empédocle, à la fois les éléments et les deux principes, l'Amour et la Haine. Il est essentiel d'opérer une distinction bien nette entre les objets auxquels se réfèrent ces trois expressions. C'est en effet un glissement inadmissible que de vouloir rapprocher, dans ce fragment, l'accroissement de l'«un» à partir des éléments (vv.1-2) et l'accroissement (fictif et inimaginable) du «tout» à partir du non-étant (v.32).[1]

---

[1] Nous laissons ici délibérément de côté les termes πᾶν et τὸ πᾶν dans d'autres fragments de Diels-Kranz, y compris le fr. 26.7, lequel, selon nous (*ECC*

Reprenons, dans cette optique, la question des «êtres mortels». Empédocle affirme qu'il existe une «double» naissance et une «double» disparition (fr. 17.3). Suivent deux phrases jumelées (μέν, δέ, vv.4-5). Dans la première, l'unification de toutes choses assure la génération et la destruction (τίκτει τ' ὀλέκει τε). Dans le vers suivant, le résultat de la séparation est exprimé (selon l'apparat critique de Diels, dans la collection de Berlin des commentateurs grecs, vol. IX p.158.5) par θρυφεῖσα ou δρυφθεῖσα δρεπτή. Karsten attribue à Scaliger la correction en διέπτη. Panzerbieter a proposé la correction en θρεφθεῖσα. Si nous reprenons ces deux corrections, la génération (θρεφθεῖσα) et la destruction (διέπτη) sont le résultat de la séparation, de la même façon que, dans le vers précédent, l'unification réalise naissance (τίκτει) et mort (ὀλέκει). Fr. 17.3-5:

δοιὴ δὲ θνητῶν γένεσις, δοιὴ δ' ἀπόλειψις·
τὴν μὲν γὰρ πάντων σύνοδος τίκτει τ' ὀλέκει τε,
ἡ δὲ πάλιν διαφυομένων θρεφθεῖσα διέπτη.

Nous traduisons:

«Double <est> la naissance des êtres mortels, double est leur disparition. <Des deux générations,> le rassemblement de toutes choses engendre l'une, et la détruit. L'autre <génération>, pendant que les choses se dissipent de nouveau, s'est accrue et puis s'envole.»[1]

M. van der Ben paraît vouloir adopter la correction de Scaliger (d'une seule lettre dans le texte des manuscrits), tout en repoussant celle de Panzerbieter (elle aussi d'une seule lettre dans certains manuscrits). Comment notre auteur va-t-il alors interpréter

---

323-324), devrait être répété comme le fr. 17.8a. Nous espérons revenir sur l'analyse de ces termes dans un article intitulé «L'argument éléatique d'Empédocle».

[1] Le lecteur est prié de bien vouloir consulter la Bibliographie qui se trouve à la fin de cet ouvrage pour les références aux auteurs cités dans cet alinéa (voir aussi *ECC* 164-168). Dans la traduction, nous prenons le terme de «génération», non pas au sens d'une seule naissance, mais dans le sens de naissance et de disparition. La corruption dans les manuscrits a pu se produire par suite d'un effort de simplification: la séparation (*cf.* διαφυομένων) était censée être cause de destruction seulement (δρυφθεῖσα, *cf.* δρύπτω, «briser», «broyer»).

ce texte, sans cette correction? Il ne nous le dit pas encore. Il affirme toutefois, n.50 (= p.81): «Il faut insister de la façon la plus formelle (*it must be absolutely clear* ...): une théorie ne devrait jamais se fonder sur une altération conjecturelle du texte transmis». Mais sur quoi se fonde la vérité de cette formule, sinon sur l'esprit dogmatique de son auteur? Il n'existe en effet aucune loi divine, aucun principe *a priori*, qui puisse dicter au chercheur sur quoi une reconstitution peut ou ne peut pas se fonder – sinon sur ce qu'il estime être vrai ou probable, et à condition qu'il puisse en donner une preuve raisonnable.[1]

La correction de Panzerbieter nous semble raisonnable, pour ne pas dire probante. La lecture qu'elle permet de ce texte est conforme d'ailleurs à d'autres fragments qui nous sont conservés. Aux premiers vers du fr. 17 nous voyons une alternance de l'un et du multiple. Nous y voyons également un passage de l'un au multiple (v.2), et du multiple vers l'un (vv.1-2). Dans les vers suivants (vv.3-5), sous la forme où nous les avons cités, Empédocle nous apprend que chacune de ces deux périodes de multiplicité comprend une naissance et une disparition de «choses mortelles». Or, d'autres fragments précisent la manière dont paraissent les êtres mortels: d'une part, il est sorti de la terre des êtres bisexués, qui se sont divisés ensuite en hommes et en femmes (fr. 62; cf. *ECC* 203-210); d'autre part, il existait des membres séparés, des têtes sans cou, des bras sans épaules, des yeux solitaires, etc., qui se réunissaient ensuite sous forme de monstres (frr. 57, 59, 61; cf. *ECC* 200-203). Il nous paraît légitime de supposer que ces deux tendances zoogoniques peuvent traduire les deux périodes de multiplicité mentionnées dans le fr. 17. La période de dissolution (*cf.* διαφυομένων, à savoir le passage de l'un au multiple) comprend une zoogonie de séparation. La période de rassemblement (*cf.* πάντων σύνοδος, à savoir le passage du multiple vers l'un) comprend une zoogonie d'unification.

Cette notation résume l'essentiel de l'interprétation cyclique d'Empédocle. Il y aurait en effet deux alternances, dont l'une serait subordonnée à l'autre. L'alternance majeure est celle de l'un et du multiple. L'alternance subalterne s'inscrit à l'intérieur de la

---

[1] L'auteur lui-même n'est pas fidèle à sa profession de foi. Son hypothèse sur le nombre de livres qui existent dans les deux poèmes (une question «enfin définitivement réglée», p.15) repose en effet sur son acceptation de l'amendement du texte de la *Souda* proposé par Zuntz (pp.11-16, *cf.* pp.5-8 *supra*).

période de multiplicité. Elle comprend deux zoogonies, l'une d'unification, l'autre de séparation.

Cette reconstitution de la théorie d'Empédocle ne cherche pas à s'imposer d'autorité. Disons simplement que, dans l'état actuel de nos connaissances, il n'y pas de preuve (sauf erreur de notre part) qui la contredise. Nous la trouvons raisonnable.

CHAPITRE VI

CONSIDÉRATIONS RELATIVES A L'INTERPRÉTATION DU CYCLE COSMIQUE: TÉMOIGNAGES SECONDAIRES

Aristote

L'interprétation cyclique est celle même que l'on retrouve dans plus d'un texte d'Aristote. Au livre huit de la *Physique* notamment, Aristote affirme que pour Empédocle il existe une alternance de mouvement et de repos (*Phys.* VIII 1, 250b26 sqq.; cf. *ECC* 7-19 et 169-177). Le mouvement existe pendant les passages de l'un au multiple et du multiple vers l'un. La période d'unité est une période de repos.

M. van der Ben ne voit pas les choses sous cet angle. Selon lui, «la discussion sur le mouvement non-continu est d'un caractère beaucoup trop abstrait pour qu'il soit probable qu'Aristote ait envisagé ce mouvement sous la forme de périodes cosmiques» (p.30).

En formulant cette objection, M. van der Ben semble ne pas se rendre compte de la comparaison que fait Aristote dans ce texte avec la théorie d'Anaxagore. En effet, Aristote fait allusion ici à deux théories de mouvement et de repos (250b23-29). La première est celle d'Anaxagore: toutes choses seraient ensemble et au repos pour un temps illimité; ensuite l'Intelligence introduirait mouvement et séparation. La seconde est celle d'Empédocle: pour lui, toutes choses seraient «tour à tour» (ἐν μέρει) en mouvement, puis «de nouveau» en repos (πάλιν, b27).

L'érudition de Simplicius nous permet de mesurer l'exactitude de ces propos, pour ce qui est d'Anaxagore. La précision d'après laquelle «toutes choses seraient ensemble» (ὁμοῦ πάντων ὄντων, b25) reprend les termes mêmes qui, selon Simplicius, se trouvaient au début du traité d'Anaxagore et traduisaient la condition précosmique des éléments (πάντων ὁμοῦ ἐόντων, fr. 1; *Phys.* 155.26 sqq.). Simplicius nous livre également la description que donnait Anaxagore de la mise en marche du mouvement et de la séparation sous l'action de l'Intelligence (fr. 12; *Phys.*156.13 sqq., 164.24 sqq., 176.32 sqq.). Cet essor de l'Intelligence, comme le rapporte Platon dans un texte célèbre du *Phédon* (97B sqq.), avait provoqué l'espoir, puis la déception du jeune Socrate, lorsqu'il dévorait le livre d'Anaxagore. Platon précise qu'il s'agissait d'une activité cosmogonique (διακοσμῶν, C2; κοσμοῦντα et κοσμεῖν, C5). Il est donc incontestable que dans ce texte de la *Physique* Aristote aussi parle de la cosmogonie d'Anaxagore.

Or, remarquons qu'Aristote parle d'Anaxagore et d'Empédocle dans une seule et même phrase (250b24-29). Si le contexte de cette phrase n'est pas «trop abstrait» pour qu'une description de la cosmogonie d'Anaxagore s'y trouve, pourquoi le serait-il pour qu'une description des périodes cosmiques d'Empédocle s'y trouve également?

Aristote reprend la théorie d'Empédocle plus loin dans son analyse (*Phys.* VIII 1, 252a5 sqq.; cf. *ECC* 59-69). Il affirme ici encore que pour Empédocle le mouvement et le repos se succédaient «tour à tour» (ἐν μέρει, a8, cf. a19-21); il lui reproche de ne pas avoir précisé la cause de cette alternance.

En commentant ce passage, M. van der Ben ne remet plus en question le caractère «cosmique» de la discussion. Il ne met pas non plus en cause la connaissance qu'Aristote a pu avoir de la théorie dont il s'agit. Notre auteur suggère plutôt que la notion d'une alternance de mouvement et de repos n'est évoquée ici que sous forme de critique. «Je ne pense pas», écrit-il en effet (p.30), «qu'Aristote lui-même croyait que le sens qu'il donnait à ces vers était aussi celui voulu par Empédocle.» Et il fait appel à «l'usage prudent de l'expression ἔοικεν Ἐμπεδοκλῆς ἂν εἰπεῖν» (252a7).

Or, il est exact que la forme nuancée de cette expression est importante lorsqu'on veut apprécier la «doxographie» du Stagirite; nous en avons fait une étude indépendante.[1] Mais il est essentiel de cerner de plus près la portée exacte de l'expression dans ce contexte. Aristote ne veut en rien atténuer l'existence d'une alternance de mouvement et de repos dans la théorie d'Empédocle. Le scrupule que l'on voit dans l'expression citée n'a pour objet que la présence, ou l'absence, d'une cause de cette alternance. Empédocle «aurait tout l'air» de supposer que l'alternance du mouvement et du repos appartient aux choses «nécessairement» (ἐξ ἀνάγκης, 252a9), comme si c'était «la façon dont les choses sont

---

[1] *JHS* 90 (1970) 142-143, voir notamment 142 n.12. Nous entendons par «doxographie» les passages où Aristote énumère les opinions de ses prédécesseurs.

destinées à être» (πέφυκεν οὕτως, a6). Le reproche qu'on lui fait est de «sembler vouloir dire» que cette «nécessité», cette «destinée», a pu faire office de «principe initial ou cause» (ἀρχή, a7).[1]

C'est là l'essentiel de l'ensemble du passage qui suit, et de la comparaison renouvelée avec Anaxagore (252a10 sqq.). Certes, Aristote a bien fait de s'avancer ici à tâtons. La notion propre au Stagirite de cause ou de principe ne s'approche pas en effet de celle des penseurs du cinquième siècle. Même Démocrite semble ne pas avoir différencié les deux sens du terme ἀρχή (cause primitive et commencement temporel, cf. *Phys.* VIII 1, 252a32-b5, *De gen. anim.* II 6, 742b17-35). La recherche de «l'ensemble» que se propose Empédocle (*cf.* τὸ ὅλον, fr. 2.6) n'a que peu de choses à voir avec la recherche dans la *Physique* d'une cause première du mouvement cosmique. Ainsi s'explique en effet la formule citée (ἔοικεν ... ἂν εἰπεῖν, 252a7). Aristote est ici conscient du décalage qu'il a pu y avoir entre la forme de sa critique et la doctrine à laquelle il fait allusion.

Compte tenu de cette nuance, le développement des idées dans ce texte est clair. La réserve qu'Aristote exprime ici (252a7) s'applique uniquement à la cause, ou à l'absence de cause. Elle ne vise pas les faits que la «cause» devait, ou aurait dû expliquer. Dans ce passage, Aristote ne revient nullement sur son affirmation au début de ce livre de la *Physique* (VIII 1, 250b23 sqq.). Anaxagore croyait à un unique passage de l'inaction au mouvement, Empédocle à une alternance de périodes de repos et de mouvement.

Dans le traité *Du ciel*, Aristote reprend la théorie d'une alternance de périodes cosmiques et non-cosmiques (I 10, 279b14-17; cf. *ECC* 170-172). L'«incessance» du cycle est ici explicite: l'alternance continue à jamais (αἰεὶ διατελεῖν οὕτως, b15-16). Il est exact que, dans ce traité, Aristote attribue cette doctrine à Héraclite aussi bien qu'à Empédocle. Ce qui permet à M. van der Ben de suggérer qu'Aristote «semble confondre Empédocle et Héraclite, ayant peut-être présent à l'esprit le *Sophiste* de Platon, 242e» (n.45 = p.79).

Relisons ce texte du *Sophiste*. Platon met ici en contraste les Muses «Ioniennes» et «Siciliennes» (242D-243A; cf. *ECC* 93-94 et

---

[1] Bien qu'il ne soit pas usuel de traduire φύσις par «destinée», le sens familier de l'expression «il est destiné ...» aide à comprendre le glissement dans ce texte (*Phys.* VIII 1, 252a5-10) de la notion de «nature/destinée» à celle de «nécessité».

177-179). Les premières (représentant Héraclite) prétendent que «ce qui est» se disperse constamment et en même temps se rassemble. Les Muses Siciliennes (représentant Empédocle), moins exigeantes, admettent que «le tout» est «tour à tour» un et plusieurs (ἐν μέρει, E5). Il est fort possible que le souvenir qu'Aristote avait de ce passage l'ait amené à juxtaposer Héraclite et Empédocle dans le traité *Du ciel* et à parler d'eux comme s'ils croyaient à la même théorie. «Il se peut que l'association de leurs noms par Platon se soit gravée dans sa mémoire au point de lui faire oublier leurs divergences de doctrines.»[1] Mais constatons dans quel sens s'exerce alors la méprise. C'est à Empédocle qu'ont été attribuées les périodes alternantes du *Sophiste*, et c'est le nom d'Héraclite qui est associé à cette doctrine dans le traité *Du ciel*. Pour soutenir la thèse de M. van der Ben, il aurait fallu que la confusion se soit faite dans le sens opposé, qu'Héraclite ait cru à une succession de périodes d'unité et de multiplicité, et que le nom d'Empédocle y ait été, de force, associé. Ce qui n'est le cas ni chez Platon ni chez Aristote.

En réalité, l'interprétation cyclique d'Empédocle est appuyée par les deux textes, le *Sophiste* de Platon et le traité *Du ciel* d'Aristote: Empédocle croyait en une alternance, soit de périodes d'unité et de pluralité (Platon), soit de périodes cosmiques et non-cosmiques (Aristote).

Eudème

C'est en commentant les textes de Simplicius et d'Eudème que M. van der Ben semble vouloir entrer dans le vif du sujet. «Simplicius fait savoir clairement que les périodes cosmiques ont été la solution qu'Eudème – et lui seul – proposait au problème spécifique posé par le texte d'Aristote» (p.30). Ce n'est pourtant pas là ce que dit Simplicius dans son commentaire de la *Physique* (1123.7 sqq., 1183.19 sqq.).

Les formules de la *Physique* relatives à la division du cycle entre des périodes de mouvement et de repos sont ambiguës (*Phys.* VIII 1, 250b26-29 et 252a5-10). Le mouvement correspond aux passages de l'un au multiple et du multiple vers l'un; Aristote est formel sur ce point. Mais il ne laisse pas voir clairement si ces deux

---

[1] *Cf.* G.S. Kirk, *Heraclitus, the cosmic fragments* (Cambridge, 1954) 321.

périodes de mouvement aboutissaient chacune à une période de repos. Les deux expressions, «le temps» ou «les temps» intermédiaires, peuvent en effet s'interpréter de plus d'une façon (τοῖς μεταξὺ χρόνοις, 250b29; τὸν μεταξὺ χρόνον, 252a9-10). Ce n'est qu'à partir d'autres textes que l'on peut savoir que, pour Aristote, seul l'achèvement d'unité comportait une période de repos (cf. *ECC* 7-45).

L'ambiguïté de ces deux textes de la *Physique* permet de comprendre le commentaire qu'en fait Simplicius. Dans le premier passage, Simplicius suppose, sans trop approfondir, qu'Aristote a eu présente à l'esprit une seconde période d'inaction, s'interposant entre le passage de l'un au multiple et celui du multiple vers l'un (*Phys.* 1125.15-22). Sans doute, cette idée lui est-elle venue parce qu'il pensait au principe, exposé à plus d'une reprise dans la *Physique*, qui interdit la continuité de deux mouvements contraires (cf. *ECC* 26-30). Dans le second passage, Simplicius paraît cependant conscient de l'ambiguïté du texte. A tout le moins il fait parler ici Eudème, qui ne croyait qu'à une seule période de repos, correspondant (pour lui comme pour Aristote) à la période d'unité (*Phys.* 1183.21-1186.35; cf. *ECC* 30-31).

Ce sont là les faits. Simplicius voit dans le texte d'Aristote la théorie d'une alternance de périodes de mouvement et de repos. Il ne fait appel à Eudème que pour illustrer l'une des interprétations possibles de ce texte, celle où il n'y aurait qu'une seule période de repos. Rien n'indique qu'Eudème ait, le premier, introduit la notion d'une alternance.

Cette hypothèse est en effet exclue, si nous approfondissons la citation d'Eudème qu'a donnée Simplicius (*Phys.* 1183.28-1184.4 = fr. 110 éd. Wehrli). Cette citation comprend trois fragments d'Empédocle. Les deux premiers supposent que la période d'unité et de repos est identique à la «Sphère joyeuse» (fr. 27.1 et 3-4); le troisième parle de l'irruption du mouvement (fr. 31). Ce troisième fragment est donné comme illustration de la formule: «Quand la Haine devient à nouveau (πάλιν) dominante, à ce moment-là le mouvement reprend à nouveau (πάλιν) dans la Sphère» (*Phys.* 1184.2-3). Dans ce texte, la répétition du terme «à nouveau» indique nettement que pour Eudème une période de mouvement précédait la période d'unité («la Sphère»). Mais constatons que c'est là précisément la formule qu'employait Aristote dans les textes déjà cités de la *Physique*. Toutes choses sont «en mouvement et puis de nouveau (πάλιν) au repos» (*Phys.* VIII 1, 250b27). «Le tout est au repos, et puis en mouvement de nouveau» (πάλιν, 252a19-21). Il est alors abusif de vouloir présenter Eudème comme auteur d'une théorie de succession de périodes de mouvement et de repos. Eudème ne nous en dit pas plus long qu'Aristote.[1]

L'hypothèse de M. van der Ben est d'autant plus illogique que les formules d'Aristote sont plus circonstanciées que ne l'est l'attestation d'Eudème. En effet, c'est Aristote qui affirme que les périodes de mouvement et de repos se produisent «tour à tour» (ἐν μέρει, *Phys.* VIII 1, 250b27, 252a8, a19-21). C'est encore lui qui affirme que la répétition de périodes cosmiques et non-cosmiques continuera à jamais (*De caelo* I 10, 279b14-17; cf. *ECC* 170-172). Les constatations d'Eudème (ou la paraphrase qu'en a donnée Simplicius, *Phys.* 1183.28-29, 1184.2-3) ne mettent pas en valeur ces deux aspects de la théorie.

L'attestation d'Eudème est tout de même capitale pour la reconstitution de la doctrine d'Empédocle. On ne trouve pas ailleurs dans la littérature de l'Antiquité les fragments cités par Eudème (cf. *ECC* 149-154). Sur le plan documentaire, son témoignage paraît donc indépendant de celui d'Aristote; il a pu en effet s'appuyer sur une lecture personnelle du poème. Cette lecture confirme l'existence d'une succession de périodes de mouvement et de repos. Elle confirme, par là, l'essentiel de l'interprétation qu'a donnée Aristote dans la *Physique*.

---

[1] C'est dans un sens analogue aux formules d'Aristote et d'Eudème que nous prenons l'expression ἄλλοτε μέν ... ἄλλοτε δ' αὖτε dans les fragments d'Empédocle, notamment le fr. 20.2-4. Notre interprétation de cette locution (*CQ* n.s. 17 [1967] 39) a été mise en question par M. C. Stokes, *One and many in Presocratic philosophy* (Washington D.C., 1971) 325 (= n.54). Nous avons devancé cette critique dans notre ouvrage, *ECC* 211-223. Nous admettons volontiers que le terme αὖ ou αὖθις, pris isolément, peut avoir le sens de *e contrario* plutôt que celui de *iterum*, si bien que le sens de ces adverbes devenus particules ne se distingue guère, en plusieurs textes, de celui de δέ: voir LSJ *s.v.* ᾖ II 2. Cet emploi des mots est en effet reconnu depuis longtemps déjà: voir, par exemple, H. Hoogeveen, *Doctrinae particularum linguae graecae* (Lugduni Batavorum, 1769) I 164-165. Mais la tournure en question (fr. 20.2-4 *et alibi*) semble toujours comporter le sens d'une répétition, voire d'une alternance: c'est ainsi du moins que l'on emploie cette locution dans les passages d'Homère recensés dans les pages de notre ouvrage citées ci-dessus.

Simplicius

Qu'en est-il maintenant de Simplicius? Selon M. van der Ben, «l'interprétation personnelle de Simplicius ... d'un κόσμος νοητός et d'un κόσμος αἰσθητός exclut essentiellement la périodicité ... et elle n'aurait guère pu être maintenue si Simplicius avait eu connaissance des périodes cosmiques, soit par l'intermédiaire d'Aristote, soit directement par Empédocle» (p.30). On voit mal le bien-fondé de cette affirmation. Comment Simplicius a-t-il pu ignorer l'interprétation cyclique d'Empédocle, alors que c'est celle-là même qu'Aristote avait adoptée selon lui?

Notre auteur a pu ne pas voir la divergence entre l'interprétation que Simplicius veut lui-même adopter et celle qu'il met sur le compte d'Aristote. Reprenons le texte de la *Physique*. Aristote a cité des vers destinés à illustrer l'alternance de l'un et du multiple et qui se terminent sur l'expression: «... immobiles dans un cercle» (ἀκίνητοι κατὰ κύκλον, fr. 26.8-12; *Phys.* VIII 1, 250b30-251a3). En commentant ce passage, Simplicius affirme que l'expression «sans mouvement» (ἀκίνητοι) ne désigne pas l'immobilité prise au sens littéral, mais «le changement toujours semblable à lui-même» (τὴν ἀίδιον ταυτότητα τῆς ... μεταβολῆς, 1124.19-26). Mais il attribue alors à Aristote une interprétation différente. C'est celle que nous venons de citer, selon laquelle les mouvements de l'un au multiple et du multiple vers l'un aboutissent l'un et l'autre à des périodes de repos (1125.15-22; cf. *ECC* 26-31). Simplicius connaissait donc les périodes de mouvement et de repos dans l'interprétation d'Empédocle. Il les a connues par Aristote. Ce qui ne l'empêche pas de s'en tenir quand même à une interprétation différente.[1]

Quelle est donc l'interprétation «personnelle» de Simplicius? Pour Simplicius, comme pour tous les commentateurs de la fin de l'Antiquité classique, la succession temporelle de l'un et du multiple dans la philosophie d'Empédocle symbolise la division non-temporelle de l'intelligible et du sensible. Aussi la Sphère d'Empé-

---

[1] Nous laissons ici de côté la question de savoir si Aristote se serait mépris sur le sens de l'expression ἀκίνητοι, citée dans le texte de la *Physique* (fr. 26.12; *Phys.* VIII 1, 250b26-251a5). Simplicius suppose qu'Aristote a mal compris ce terme, en le prenant au sens littéral d'«immobile» (1124.19-1125.22). Mais nous croyons avoir montré que Simplicius a mal interprété sur ce point la pensée d'Aristote: voir *ECC* Note 1, pp.252-261.

docle, qui pour Simplicius comme pour Eudème était identique à la période d'unité, représenterait sous forme de mythes et d'images le monde des formes intelligibles. Les périodes alternées de mouvement (les passages de l'un au multiple et du multiple vers l'un) ne seraient alors qu'une manifestation locale et temporaire d'unité et de diversité à l'intérieur du monde perçu par les sens.

Mais cette interprétation n'a rien d'étonnant pour ceux qui ne s'en tiennent pas aux citations que Simplicius fait des Présocratiques, et qui se laissent aller à parcourir les commentaires qu'il en donne. Simplicius reproche très souvent en effet à Aristote de vouloir expliquer les doctrines des premiers philosophes uniquement dans leur sens littéral et de ne pas en apercevoir le sens mythique et platonicien.

Nous examinerons plus en détail cette approche dans les chapitres suivants de cette étude (voir notamment p.77 *infra*; cf. *ECC* 28-29). Nous nous bornerons ici à faire remarquer qu'il n'est pas tout à fait exact, comme l'affirme M. van der Ben, que «l'interprétation personnelle de Simplicius ... exclut essentiellement la périodicité» (p.30). En adoptant l'interprétation communément admise à son époque, Simplicius ne refusait pas toute valeur à celle d'Aristote. Pour Simplicius, les deux interprétations sont en effet valables, bien que l'une soit supérieure à l'autre. La notion d'une alternance temporelle de l'un et du multiple correspond bien au sens littéral des vers d'Empédocle. L'interprétation «mythique» en donne le sens véritable.

Considérations diverses

Nous n'avons pas repris tous les arguments que M. van der Ben oppose à l'interprétation cyclique d'Empédocle. Il faudrait dix ou quinze lignes pour réfuter au fond une assertion lancée à la légère en une demi phrase. Passons donc aux autres objections de l'auteur, mais en les traitant de façon plus sommaire.

Très souvent M. van der Ben néglige, ou va jusqu'à démentir l'existence de documents. Il parle, par exemple, de «l'absence absolue de tout témoignage concernant la prétendue période de 'séparation totale'» (n.52 = p.83). Ce disant, il paraît ignorer le passage dans lequel Plutarque attribue expressément à Empédocle la croyance à une période où les éléments étaient totalement séparés (*De facie* 12, 926D-927A).[1]

M. van der Ben suppose qu'une zoogonie ne saurait s'inscrire que dans une période d'unité accroissante (le passage du multiple vers l'un: n.52 = pp.82-83). Notre auteur confond ici zoogonie et cosmogonie. Il est en effet exact qu'Empédocle semble n'avoir relaté qu'une seule cosmogonie, celle qui résulte d'un mouvement de séparation (*cf.* Arist. *De caelo* III 2, 301a11-20; *ECC* 175-177). Il ne s'est pas, par là, limité à la description d'une seule zoogonie. Nous avons déjà relevé la division, en hommes et en femmes, des animaux «à la nature entière», division qui suppose précisément une zoogonie de séparation (οὐλοφυεῖς ... τύποι, fr. 62; Simpl. *Phys.* 382.16-21; cf. *ECC* 179-180).[2]

M. van der Ben semble tenir pour impossible la conception d'après laquelle l'univers est éternel dans sa totalité et «sujet à différents états, périodiquement» (n.43 = p.78). Ce sont là à peu près les termes mêmes d'Aristote. Il affirme que, pour Empédocle, le complexe entier des éléments est éternel et sujet à des variations successives dans ses «dispositions» (διαθέσεις, *De caelo* I 10, 279b14-17 et 280a11-24; cf. *ECC* 170-172).

Cette ignorance des documents s'accompagne souvent d'une confusion de concepts. Par exemple, M. van der Ben affirme qu'Aristote ne pouvait considérer l'Amour et la Haine à la fois comme «*causae moventes*» et comme «causes d'inaction» («*causes of rest*», n.52 = p.84). Affirmer ceci, c'est perdre de vue la conception d'Aristote. Pour le Stagirite, la cause de mouvement est aussi cause de repos. Rappelons tout simplement la définition qu'Aris-

---

[1] Hershbell, *AJPh* 92 (1971) 177, met en question le bien-fondé de l'usage que nous faisons de ce témoignage de Plutarque (*ECC* 31-36), sous prétexte que l'intervention de l'Amour consécutive à la séparation totale des éléments est envisagée par Plutarque dans le passé, alors que, pour Empédocle, elle devrait se situer dans le futur. Cette objection n'a aucune pertinence dans une interprétation cyclique d'Empédocle, où le passé se répète dans le futur. Aristote aussi parle de l'intervention de l'Amour dans le passé (cf. *ECC* 174-175), tout en adhérant à une interprétation cyclique d'Empédocle.

[2] Hershbell, *Phronesis* 18 (1973) 107-108, témoigne de la même ignorance et de la même confusion lorsqu'il affirme que «dans les fragments d'Empédocle *Sur la nature* on ne trouve nulle part la description d'une zoogonie de la Haine». Pour de plus amples détails sur la documentation d'une zoogonie de séparation (une zoogonie qui devait s'inscrire dans la période du mouvement de l'un au multiple, et que l'on peut donc supposer avoir été soumise à l'influence de la Haine), voir *ECC* 203-210, 218-229. Voir aussi pp.93-94 *infra*.

tote donne de «*physis*»: «la nature est une sorte de principe, c'est-à-dire qu'elle est *cause de mouvement et de repos* pour l'objet dans lequel elle réside directement, par elle-même et non par suite d'un accident» (*Phys.* II 1, 192b20-23).

Cette conception est capitale pour une appréciation de la doxographie d'Aristote. Elle rend compréhensible qu'Aristote ait pensé à l'Amour et à la Discorde comme étant «causes de mouvement» (au sens où lui-même l'entendait), alors que, pour Empédocle, l'Amour aurait été principalement cause de repos, et la Haine cause de mouvement (cf. *ECC* 101-103). La compréhension simpliste qu'a notre auteur d'Aristote ne lui permet pas de tenir compte de cette combinaison d'idées.

M. van der Ben identifie la Sphère au «Tout» et à «toutes choses» (n.47 = pp.79-80). Il en arrive ainsi à la conclusion que «de quelque manière qu'on conçoive la Sphère, elle doit comprendre le Tout et par conséquent comprendre la Discorde comme étant l'une des six constituantes éternelles du Tout» (p.27). La conclusion d'après laquelle la Discorde «a été enlevée, d'une façon ou de l'autre, du Tout» serait donc pour lui «une vraie contradiction dans les termes» (p.29).

Mais cette «contradiction dans les termes» ne provient que d'une erreur de logique; notre auteur utilise sa propre conviction comme prémisse d'une conviction opposée à la sienne. En effet, lorsqu'il s'oppose (p.29) à la possibilité que la Haine soit exclue de la Sphère, il fait appel implicitement à la conception qui lui est propre et d'après laquelle la Sphère serait identique au «Tout» et à «toutes choses» et devrait par conséquent comprendre la Discorde (n.47 et p.27).

Cette conception de la Sphère n'est pourtant pas la seule possible. Il n'est pas exact, en effet, que la Sphère comprenne la Discorde «de quelque manière qu'on la conçoive». Admettons que la Sphère est identique à l'«un» ou à l'«unique» mentionné au début du fr. 17. Nous avons déjà relevé la distinction qu'impose une lecture attentive de ce fragment entre cet «un», «toutes choses» et «le tout». L'«un» comprend les éléments et l'Amour, mais il exclut la Discorde, principe de dualité et de multiplicité; «toutes choses» sont séparées et rassemblées par la Discorde et par l'Amour, elles en sont par conséquent implicitement distinctes; seul «le tout» comprend à la fois les éléments, l'Amour et la Discorde (*cf.* pp.30-32 *supra*).

La même équivoque fait penser que, puisqu'il n'y pas de croissance possible des parties du «Tout», il ne peut donc pas y avoir de cosmogonie venant de la Sphère (p.27). C'est là l'erreur que nous avons déjà notée, mais sous une forme inverse. Empédocle refuse de croire que «le tout» puisse être augmenté par une chose qui *per impossibile* serait conçue comme venant de *l'extérieur* (fr. 17.32). Ce refus, nous l'avons noté, n'entrave en rien l'affirmation selon laquelle l'unique «croît» à partir d'éléments qui sont à *l'intérieur* du cosmos (fr. 17.1-2; voir pp.30-32 *supra*). Il ne va pas non plus contre l'idée inverse: sous l'influence de la Discorde les éléments «s'accroissent» lorsqu'ils se divisent à partir de l'unité où les avait rassemblés l'Amour (*cf.* fr. 26.2; *ECC* 314-324).

C'est encore une équivoque du même genre qui fait penser que, si la Sphère était au repos, elle devrait être inanimée. Notre auteur affirme en effet qu'une représentation de la Sphère «comme un état dans lequel tous les éléments de l'univers sont mélangés de façon uniforme, et même comme un état dans lequel il n'y a ni vie, ni mouvement, et cependant comme une période de bonheur et de félicité ... est une image absurde» («*description ... devoid of sense*», pp.31-32). En lisant ce passage, nous avons découvert, à notre grand étonnement, que cette représentation de la Sphère nous était personnellement attribuée. Dans la Sphère, il n'y aurait «ni vie ni mouvement». M. van der Ben prétend avoir extrait une telle assertion des premières pages de notre ouvrage, *Empedocles' cosmic cycle* (pp.1-3). Elle ne s'y trouve pas – pas plus qu'en nul autre endroit de notre livre. Nous ne croyons pas non plus qu'elle soit exacte. Nous avons bien voulu montrer que dans la Sphère – la période d'unité – les éléments sont au repos (*ECC* 4-45). Sans doute est-ce par une assimilation inconsciente du concept de vie au concept de mouvement que M. van der Ben a été conduit à voir dans le refus de mouvement un refus de vie.

Ce glissement est d'autant plus illogique que M. van der Ben prétend en déduire l'incompatibilité du bonheur et du repos. Nous estimons, en fait, que la Sphère est bienheureuse, puisqu'Empédocle dit qu'elle l'est (*cf.* γαίων, fr. 27.4). Cette affirmation invite à supposer que pour Empédocle la Sphère était vivante. Mais cet état de bonheur et de vie ne nécessite pas à notre sens qu'il y ait mouvement, ni des parties de la Sphère l'une par rapport à l'autre, ni de la Sphère conçue dans son ensemble.

Nous ne croyons pas non plus d'ailleurs à l'assimilation du

bonheur et de l'identité individuelle, assimilation fondée elle aussi, tout comme celle de l'absence de mouvement et de l'absence de vie, sur un anthropomorphisme qui semble échapper à l'auteur lui-même, mais visible dans la question qu'il se pose: «De quelle sorte de bonheur s'agit-il, si personne n'est là pour en jouir?» (n.51 = p.81).

Malgré le caractère général de ces propos, nous ne devons pas négliger leur importance pour une juste estimation de la science de l'auteur. Par ces glissements (du bonheur à l'individualité, de la vie au mouvement), nous croyons en effet toucher le fond de sa pensée. Ainsi M. van der Ben affirme-t-il dans ce contexte que ce serait «une perversion totale de la pensée d'Empédocle de représenter, comme but et fin de l'activité de l'Amour – lui qui est responsable de la vie elle-même et de tout ce qu'il y a de bon et de beau dans la vie – la destruction de sa propre oeuvre» (p.31). Penser autrement «n'est pas seulement, selon moi, une absurdité en soi, mais trahit également une absence totale de compréhension de ce dont il est question dans le poème d'Empédocle, je veux dire la vie sous tous ses aspects» (p.32). Cette sensibilité (qui évoque celle de l'auteur de *Lady Chatterley's Lover*) permet à M. van der Ben de conclure que ce raisonnement «aurait dû suffire par lui-même à réduire l'idée entière des périodes cosmiques chez Empédocle à une note en bas de page dans une histoire des études classiques» (p.31).

L'ouvrage de M. van der Ben manifeste une honnêteté, une franchise, une candeur certaines. Qualités qui le rendent exemplaire pour ceux qui s'intéressent aux progrès et aux échecs des recherches contemporaines de l'histoire de la philosophie. Très souvent, en lisant les publications qui foisonnent de nos jours dans ce domaine, on est amené à soupçonner que les conclusions de ces recherches reposent non pas sur l'analyse scientifique des documents, mais plutôt sur les suppositions et présuppositions du chercheur. Mais il est rare que le bien-fondé de ces soupçons se confirme avec la précision et la clarté que nous apportent ces quelques pages de M. van der Ben. Que les expressions citées, criblées d'équivoques inconscientes et d'une sensiblerie déplacée, soient considérées comme un raisonnement suffisant «par lui-même» à réfuter l'interprétation cyclique d'Empédocle permet de comprendre la concision extrême et la désinvolture avec lesquelles M. van der Ben a traité les nombreux témoignages en faveur de cette interprétation, aussi bien ceux des fragments eux-mêmes que ceux des textes de Platon, d'Aristote, d'Eudème, de Plutarque, et même celui de Simplicius.

L'interprétation cyclique d'Empédocle

Peut-être paraît-il peu satisfaisant de revenir à la question de l'interprétation cyclique d'Empédocle en nous en prenant aux arguments d'un seul auteur.[1] Il serait difficile de faire autrement. Les recherches de M. van der Ben nous semblent en effet représentatives d'un type d'argumentation et de critique très répandu dans les études récentes consacrées à ce problème. On n'y trouve guère d'effort pour maîtriser la complexité du problème, mais au contraire un parti pris de simplification. C'est ainsi que très souvent les chercheurs mettent arbitrairement de côté telle ou telle partie majeure des données. Dans une étude récente, par exemple, on nous taxe d'être «réactionnaire» parce que nous osons supposer que les exposés d'Aristote sur les Présocratiques «ne conduisent pas nécessairement à une distorsion des faits».[2] Mais faut-il être dogmatique plutôt que réactionnaire? Par quel critère juge-t-on que toute assertion d'Aristote à propos de ses prédécesseurs fausse «nécessairement» leur pensée?[3]

La tentative (hélas, inévitable) d'établir un compromis entre l'interprétation du Professeur J. Bollack (Paris, 1965-1969) et la

---

[1] Pour un résumé d'autres études, *cf.* L. Sweeney, *Infinity in the Presocratics: a bibliographical and philosophical study* (The Hague, 1972) 139-141.

[2] R. A. Prier, *Archaic logic: symbol and structure in Heraclitus, Parmenides, and Empedocles*, dans la collection *De proprietatibus litterarum, series practica* no.11 (Le Havre/Paris, 1976) 122.

[3] On ne peut même pas faire confiance à l'emploi des guillemets chez cet auteur. Nous avons écrit, *ECC* 88: «*The ... question is whether we are entitled to relate this detail of the religious poem to the physical system*». M. Prier affirme, *Archaic logic* 122: O'Brien «*doubts '... whether we are entitled to relate this detail of the religious poem to the physical system'*». La réponse que nous donnions à la question posée était en réalité positive (voir *ECC* 88-92).

Le même auteur, à la page citée, nous reproche de ne pas avoir voulu envisager la possibilité d'un rapport entre les deux poèmes (c'est ainsi que le lecteur comprendra, dans le contexte: O'Brien «*refuses, at one point, to consider the relationship of the* Περὶ φύσεως *and the* Καθαρμοί *at all*»), là où en réalité nous faisions abstraction, de la façon la plus formelle, de cette question, *ECC* 88: «*The relation of the two poems in general is not a question that falls within the scope of the present study*». Comment se peut-il qu'un chercheur sérieux en vienne à dénaturer la teneur de cette réserve *in limine*?

nôtre ne nous semble guère plus heureuse.[1] Bref, le renouveau de l'interprétation non-cyclique d'Empédocle attend toujours un plaidoyer sérieux en sa faveur.

---

[1] Voir A. A. Long, 'Empedocles' cosmic cycle in the sixties', dans l'ouvrage collectif, *The Pre-Socratics* (éd. A. D. P. Mourelatos) (New York, 1974) 397-425.

CHAPITRE VII

LA LANGUE ET LE CONTENU DU FR. 30

Les critiques qu'a lancées – un peu à l'aveuglette – M. van der Ben ne suffisent pas à démolir l'interprétation cyclique d'Empédocle. Reprenons maintenant la question plus précise (*cf.* pp.29-30 *supra*), celle de savoir si le fr. 30 peut s'adapter au contexte du fr. 115 et à l'histoire du *daimon* déchu.

Le fr. 30 commence par le vers:

αὐτὰρ ἐπεὶ μέγα νεῖκος ἐνὶμμελέεσσιν ἐθρέφθη.

M. van der Ben précise (p.141) que ἐθρέφθη est ici «virtuellement ηὐξήθη». On voit revenir, par conséquent, la difficulté qu'il éprouve en commentant ce verbe dans le fr. 17: «Un accroissement de l'une des parties constituantes du Tout est précisément ce qu'Empédocle nie formellement» (p.27). Ce vers devrait donc, pour lui, avoir trait, non pas à l'accroissement de la Haine à l'échelle cosmique, mais à l'accroissement de la Haine dans les membres du *daimon* déchu.

Dans notre ouvrage sur Empédocle, nous avons proposé une opinion différente. Citons-la (*ECC* 274-275):

«L'expression ἐνὶμμελέεσσιν est probablement, à un certain degré, métaphorique, en ce sens qu'on n'y doit trouver impliquée aucune absence d'homogénéité à l'intérieur de la Haine. De même, l'expression μέγα ἐθρέφθη (on a raison de prendre ces mots conjointement, conformément à l'opinion communément admise, et à l'encontre de Panzerbieter) ne suppose pas nécessairement un accroissement littéral de volume. Ainsi l'expression complète, 's'accroît dans ses membres', est fort probablement une expression vigoureuse et imagée pour décrire une augmentation de la puissance de la Haine.»

Si nous répétons ici nos propres observations, ce n'est pas, bien sûr, parce que nous tenons à ce que M. van der Ben soit d'accord avec nos opinions. Nous admettrions même, à la rigueur, qu'il s'écartât de notre interprétation sans se donner la peine de faire connaître avec quelle opinion il est en désaccord, ni d'en nommer l'auteur. C'est pour une tout autre raison que nous nous permettons de citer ici notre texte. Bien que M. van der Ben fasse allusion à notre ouvrage fréquemment, il est évident qu'il n'a jamais lu le passage que nous venons de citer. Et cette omission change bien des choses. Peut-on en effet faire confiance à l'interprétation de M. van der Ben, si l'auteur n'a pas lui-même examiné une opinion soutenue ailleurs et opposée à la sienne et qui, si elle était vraie, renverserait son argumentation et réduirait à néant sa conclusion?

Mais comment avoir l'assurance, nous objectera-t-on, que l'auteur n'a pas lu les mots que nous venons de citer? M. van der Ben affirme dans sa note sur ce fragment, n.37 (= pp.76-77): «Nous trouvons l'expression ἐνὶμμελέεσσιν traduite par Diels *'in den Gliedern des Sphairos'*. Bien que cette interprétation ne semble jamais avoir été mise en doute par personne, elle ne peut pas être exacte.» Or, les mots de notre ouvrage que nous venons de citer étaient empruntés à la *Note* 5, intitulée «L'interprétation du fr. 30.1», et dont le titre est indiquée sous cette forme dans la table des matières, en début de volume. Dans cette *Note*, nous déclarons que les «membres» dont il s'agit dans le fr. 30.1 ne sont pas les membres de la Sphère, comme l'avait pensé Diels, mais les membres de la Haine elle-même.[1]

A partir de ce moment, la lumière se fait sur plusieurs points. Voici, en effet, levée notre perplexité devant l'ignorance apparente de M. van der Ben à l'égard de l'interprétation que donnait M. van Groningen des frr. 2 et 3, comme faisant partie de l'exorde du poème cosmique. Nous voici délivré de l'inquiétude que nous inspirait l'ignorance de notre auteur à propos du témoignage de Simplicius, cité par M. van Groningen, et d'après lequel le fr. 17 se trouvait «tout au début» du premier livre du poème cosmique.

---

[1] L'interprétation que nous avons proposée du fr. 30.1 est reprise par W. K. C. Guthrie, *A history of Greek philosophy* vol. II (Cambridge, 1965) 127 («*Strife ... in its limbs*»). On pourrait néanmoins ne pas tenir rigueur à M. van der Ben de ne pas avoir noté cette page de l'*Histoire* de Guthrie. Celui-ci ne mentionne pas, en effet, la source de l'interprétation qu'il a adoptée. Il semble, par ailleurs, être lui-même peu conscient de la nouveauté de l'interprétation qu'il vient de citer. Du moins a-t-il traduit, plus tard dans ce chapitre, la même expression de façon différente et ambiguë (p.171: «*Strife ... in the limbs*»), dans un contexte qui semble indiquer que les «membres» sont les membres de la Sphère.

Nous voici délivré de l'étonnement que nous causait l'exploitation singulière qu'il faisait de l'interprétation des «deux mondes» chez Simplicius, le monde intelligible et le monde perçu par les sens, malgré l'exposé explicite que nous avions donné de sa nature. Enfin, nous voici quitte de notre embarras devant la légèreté avec laquelle notre auteur saute à pieds joints sur la conception aristotélicienne d'une cause de mouvement qui serait en même temps une cause de repos, en dépit de l'importance que nous avons accordée à cette conception. Tout cela s'explique maintenant: M. van der Ben ne lit pas les ouvrages qu'il cite, ni même les ouvrages qu'il prétend critiquer.

Reprenons donc le deuxième et le troisième vers du fragment:

ἐς τιμάς τ' ἀνόρουσε τελειομένοιο χρόνοιο,
ὅς σφιν ἀμοιβαῖος πλατέος παρελήλαται ὅρκου.

Dans ses notes sur ces vers (p.142), M. van der Ben affirme: «Le contexte laisse voir clairement et sans ambiguïté que le terme ὅρκου se réfère à un 'parjure'». Le sens de l'expression χρόνος ἀμοιβαῖος ὅρκου serait donc pour lui: «'le temps donné en échange du serment (qui a été rompu)', c'est-à-dire le temps de compensation pour la rupture d'un serment». Mais le sens de «parjure» ou de «faux serment» ne sera «clair» et «sans ambiguïté» que si nous avons préalablement accepté d'intégrer ces vers au fr. 115 et de les placer, par conséquent, après l'exposé (fr. 115.4) du serment qui a été rompu. Si ce n'est pas là le contexte de ces vers, alors rien n'incite à supposer que le «serment» dont il est question ait été «rompu». Au contraire, le sens le plus naturel à donner à ces vers serait de supposer que le serment a déterminé, sinon l'échange lui-même (*cf.* ἀμοιβαῖος), du moins la condition de l'échange. D'après les termes du serment serait fixé le taux de l'échange, autrement dit le temps où doit commencer le changement.

Certes, dans cette interprétation, le génitif (ὅρκου) devrait dépendre du verbe (παρελήλαται), et non pas, comme l'a supposé M. van der Ben, de l'adjectif (ἀμοιβαῖος). Notre auteur affirme en effet: «Je ne vois pas de possibilité de construire le génitif avec le verbe» (p.142). Mais le génitif peut bien indiquer l'agent ou l'instrument d'une action lorsqu'il dépend d'un participe passé ou d'un adjectif verbal.[1] Il peut aussi l'indiquer, bien que ce soit plus rare, lorsqu'il dépend d'autre formes passives: «être vaincu par la justice et par la vérité elle-même» traduit τῆς τε δίκης νικᾶσθαι ... αὐτοῦ τε τοῦ ἀληθοῦς. Cette citation vient d'un auteur contemporain d'Empédocle, qui use lui aussi d'un style empanaché.[2]

Qu'en est-il du verbe παρελήλαται? Homère utilise le verbe non-composé dans sa description des Grecs construisant une muraille autour de leurs vaisseaux et qui ensuite «bâtissent un fossé tout autour» (ἀμφὶ δὲ τάφρον / ἤλασαν, *Il.* 7.449-450). La connotation du préfixe dans cet emploi du verbe est incertaine. M. van der Ben propose: «un sens de comparaison comme dans παραβάλλω» (p.142). Nous préférons nous en tenir au sens littéral et spatial tel qu'on le voit, par exemple, dans l'expression, παρετέτατο ... ἡ τάφρος (Xénophon, *An.* I 7.15; *cf.* LSJ *s v.*). Le sens en est ici que «le fossé s'étend sur une longueur de douze parasanges, jusqu'aux murs mêmes de la Médie» (nous traduisons par le pronominal la forme passive du verbe). Temps et espace peuvent se concevoir de façon analogue. Le sens du préfixe serait alors que le temps est «étendu» ou «tiré» sur une certaine longueur. L'expression d'Empédocle voudra dire que le temps a été «indiqué» ou «marqué sur toute la longueur» requise en échange pour les honneurs de la Haine.

Mais nous anticipons sur le verdict rendu par notre auteur sur le terme ἀμοιβαῖος. Le temps mentionné dans le dernier vers du fragment serait pour lui: «le temps que l'on doit donner en compensation pour la rupture du serment» (p.142). Mais comment cela se peut-il? Dans l'avant-dernier vers du fragment, on nous apprend que le temps qui sera ἀμοιβαῖος est terminé (*cf.* τελειομένοιο). Ce temps, dans l'interprétation de M. van der Ben, est celui désigné «en compensation du faux serment»; ce serait donc, pour lui, le temps désigné pour le châtiment du *daimon* parjure, temps qui devrait donc appartenir à la Haine. Comment la Haine pourrait-elle s'élancer pour recevoir les honneurs au moment même où serait écoulée la part du temps qui lui revient?

L'origine de cette anomalie réside dans la singulière interprétation que donne notre auteur du terme τελειομένοιο comme renvoyant «au début de la période» en question (p.142). Il cite deux

---

[1] Voir sur ce point Schwyzer, *Griechische Grammatik* II 119.
[2] Antiphon V 87 = VI 5. Pour le contexte de ce doublet, voir K. J. Dover, *CQ* 44 (1950) 45-46.

passages. Dans l'un, *Od.* 23.286, le sens n'est pas directement temporel: les dieux «accordent en plénitude une vieillesse heureuse» (*cf.* LSJ *s.v.* I 3). Dans l'autre, *Od.* 5.390, Ulysse a été chassé par une mer orageuse «pendant deux nuits et deux jours»: le calme arrive, ὅτε δὴ τρίτον ἦμαρ ... τέλεσ' Ἠώς. Nulle part ailleurs, que nous sachions, ce verbe ne saurait désigner le commencement d'une période. L'intention du rhapsode dans ce passage serait donc, à notre sens, qu'un troisième jour est intervenu et s'est terminé à l'aube du quatrième jour (*cf.* LSJ *s.v.* I 7). L'expression empédocléenne, τελειομένοιο, aurait donc le sens de «s'achever», «se terminer».[1] Dans ce fragment, s'achève une première période de temps, et commence une nouvelle période, accordée à la Haine pour qu'elle prenne possession des honneurs qui lui sont dus. En d'autres termes, le temps qui «se termine» a été déjà accordé à quelqu'un d'autre en échange des honneurs de la Haine, qui commencent à partir de cet instant.

Ces «honneurs» de la Haine, nous les prenons pour l'antécédent le plus évident du pronom σφιν dans le vers 3. Sinon, ce mot pourrait être pris au sens d'un *dativus commodi*: «pour la Haine» ou bien «pour l'Amour et la Haine» (cf. *ECC* 274-275).

Nous traduirions:

> «Mais lorsque la Haine s'accrut dans ses <propres> membres et bondit vers les honneurs, quand le temps, qui avait été marqué sur toute sa longueur par un large serment en échange de ces <honneurs>, fut terminé ... .»

---

[1] L'expression τελειομένοιο χρόνοιο a ce sens dans un poème de Grégoire de Nazianze, adressé à Némésius, où il s'agit de la naissance du Christ «au terme de la période» de grossesse, *Carminum* lib. II § 2, *poema* VII, vv.190-191 = *PG* XXXVII 1566.1-2. Dans ce distique, Grégoire semble s'inspirer des vers empédocléens.

CHAPITRE VIII

LE CONTEXTE DU FRAGMENT 30: LE TÉMOIGNAGE D'ARISTOTE

La traduction du fragment ne nous en livre pas le sens. Pour savoir la signification du fragment, il faut en connaître le contexte. Pour cela, nous nous appuyons sur les deux auteurs classiques qui citent ce fragment: Aristote dans la *Métaphysique*, Simplicius dans son commentaire de la *Physique*. Dans ce chapitre, nous examinerons le texte de la *Métaphysique*.[1]

Selon M. van der Ben, Aristote cite ces vers «principalement pour mettre en évidence leur caractère mythique et irrationnel» (pp.27-28). Plus précisément, Aristote dans ce texte associerait Empédocle à Hésiode et à ceux qui «parlent 'en mythes' (μυθικῶς) sans donner de causes réelles». Mais ce rapprochement d'Empédocle et d'Hésiode contredit de la façon la plus formelle les mots qui terminent l'exposé sur Hésiode et qui préludent à l'exposé sur Empédocle.

> «Ceux-là», tel Hésiode, «dont les propos alambiqués revêtent la forme du mythe, ne méritent pas une attention sérieuse de notre part. Au contraire (*cf.* μέν / δέ), il nous faut interroger ceux qui parlent en termes de démonstration (...μυθικῶς ... δι' ἀποδείξεως, *Met.* B 4, 1000a18-20).

Ainsi s'explique qu'Empédocle soit considéré dans ce texte comme étant quelqu'un dont on attend des pensées plus cohérentes que celles des autres (1000a24-25, *cf.* b17-20; voir *ECC* 72-74). Bref, Empédocle est ici explicitement lavé de l'accusation d'avoir lancé les propos «mythiques et irrationnels» qu'ont tenus Hésiode et les «théologiens» (*theologoi*).[2]

---

[1] Nous laissons de côté, à cet endroit de notre analyse, la citation du fragment par les commentateurs de la *Métaphysique*, Syrianus (43.30 sqq.) et Asclépius (198.25 sqq.): voir pp.81-87 *infra*.
[2] L'opinion de M. van der Ben rejoint sur ce point celle de Simplicius. Pour ce dernier, Empédocle parle «en poète» et «de façon plus ou moins mythique» (*De caelo* 530.12). Dans le dernier chapitre de notre ouvrage, nous espérons montrer

Comme il fallait s'y attendre, Aristote, par la suite, n'est pas satisfait de la théorie qu'a donnée Empédocle. Aux éloges cités suit en effet une cascade de critiques qu'achèvera la citation du fr. 30. Ces critiques soulèvent plus d'un problème d'interprétation. Nous en ferons l'analyse dans l'ordre où elles se trouvent dans le texte d'Aristote.

Première critique

> B4, 1000a26-29: τίθησι μὲν γὰρ (*sc.* Ἐμπεδοκλῆς) ἀρχήν τινα αἰτίαν τῆς φθορᾶς τὸ νεῖκος, δόξειε δ' ἂν οὐθὲν ἧττον καὶ τοῦτο γεννᾶν ἔξω τοῦ ἑνός · ἅπαντα γὰρ ἐκ τούτου τἆλλά ἐστι πλὴν ὁ θεός.

Dans ce passage, deux expressions sont de prime abord ambiguës. L'expression ἔξω τοῦ ἑνός pourrait signifier ou bien «provenant de l'un», ou bien «à l'exception de l'un». Le terme ἐκ τούτου pourrait se référer ou bien à l'un (τοῦ ἑνός), ou bien à l'emploi précédent du même démonstratif (τοῦτο). Si l'on adopte le premier sens dans les deux cas, la critique d'Aristote sera alors la suivante:

> «Empédocle établit comme une sorte de principe, cause de destruction, la Haine. Mais celle-ci, à ce qu'il semble, n'est pas moins agent de génération, <à savoir, de génération> provenant de l'un (ἔξω τοῦ ἑνός). Toute autre chose, en effet, à l'exception du dieu, provient de cet un (ἐκ τούτου) <sous l'action de la Haine>.»

M. van der Ben adopte un sens différent. Pour lui, «l'un» dans ce texte serait «principe d'individuation», et l'expression ἔξω τοῦ ἑνός voudrait dire «tout ce qui n'est pas un» ou bien «toutes choses dans la mesure où elles ne sont pas 'un'» (n.47 = pp.79-80). Mais cet élargissement de la notion d'unité ne peut guère s'harmoniser avec une expression nominale, τὸ ἕν. Une telle traduction est aussi exclue par la notion d'unité, cosmique et non pas méta-

---

que cette coïncidence n'est pas fortuite. M. van der Ben s'est inspiré – à son insu, sans doute – de la tradition néoplatonicienne dans son interprétation d'Empédocle. Constatons pour le moment que dans le texte cité Simplicius oppose son jugement sur ce point à celui d'Aristote.

physique, évoquée dans la suite de cette critique: «et même à part cela, si la Haine ne résidait pas dans les éléments, ils ne feraient qu'un» (ἓν ἂν ἦν ἅπαντα, 1000a32-b2).

M. van der Ben affirme que dans cette phrase «la condition irréelle ... semble ne pas être tout à fait en faveur de la théorie du 'cycle cosmique' dans laquelle précisément cet état, suppose-t-on, se répète régulièrement»; si Aristote «avait entendu parler d'un tel état, il aurait dit '*quand* la Haine *est* absente des éléments, le tout ne *fait* qu'un'» (n.47 = p.80). Mais notre auteur semble ne pas avoir lu la fin de la phrase. Aristote poursuit en effet: «... comme Empédocle dit que c'est le cas (ὥς φησιν); car, lorsque les choses se réunissent, à ce moment 'la Haine se tient aux extrémités'» (1000b2-3; *cf.* fr. 36). Aristote ajoute ici précisément les affirmations que M. van der Ben tient pour nécessaires à l'interprétation cyclique d'Empédocle. Pour Aristote, si la Haine n'était pas présente actuellement dans le monde, tout serait réduit à l'état dans lequel, selon Empédocle, les choses sont (*cf.* ὥς φησιν), pendant la période d'unité cosmique, lorsque la Haine se tient «aux extrémités».

Bref, pour Aristote la Haine serait cause de la génération de toutes choses à partir de l'un (*cf.* ἔξω τοῦ ἑνός / ἐκ τούτου). Elle est cause également de la multiplicité des choses que nous voyons maintenant. Aristote ne fait pas appel ici à la notion d'unité métaphysique. Il parle de la période d'unité cosmique qui survient, au dire même d'Empédocle, lorsque la Haine est absente et que toutes choses se réunissent.

Deuxième critique

Dans la critique qui suit, Aristote affirme, 1000b3-6:

«Voilà précisément la raison pour laquelle (διὸ καί ...) il résulte, pour Empédocle, que son dieu, le plus heureux <de toutes choses>, est moins intelligent que ne l'est toute autre chose. Il ne possède pas, en effet, la connaissance de toutes choses, puisqu'il ne possède pas la Haine et que la connaissance se fait du semblable par le semblable <– autant dire qu'en ne possédant pas la Haine le dieu ne peut donc pas la connaître>.»

La compréhension que devrait avoir M. van der Ben de cette critique est occultée par la confusion qu'il fait entre la Sphère, «le Tout» et «toutes choses», et par la conclusion qu'il est obligé d'en tirer, que la Haine doit être comprise dans la Sphère (*cf.* pp.45-46 *supra*). Puisque, dans ce texte, le dieu «le plus heureux» ne comprend pas la Haine, il ne peut pas être la Sphère. M. van der Ben est alors amené à supposer (pp.26-28) qu'Aristote parle ici des dieux du fr. 115; ce qui lui permet de supposer également que les vers qu'Aristote citera à la fin de ses critiques peuvent bien s'intégrer dans ce fragment.

Mais cette lecture du texte anéantit la liaison formelle (διὸ καί) qui réunit la première et la seconde critique. «Le dieu le plus heureux», objet de la seconde critique (1000b3-6), ne comprend pas la Haine. La formule de liaison (διὸ καί) permet de supposer que ce «dieu» est identique au «dieu» nommé dans la critique précédente, lui aussi dispensé du pouvoir de la Discorde (*cf.* πλὴν ὁ θεός, 1000a29). Mais bien que le dieu de la première critique ne provienne pas de la Haine, pour M. van der Ben il la comprend en lui. Ce dieu serait donc, pour lui, identique à la Sphère et au «Tout», et par là distinct du dieu «bienheureux», qui ne comprend pas la Haine et qui ne la connaît pas. (Van der Ben, pp.26-28: nous espérons avoir déchiffré correctement la thèse de notre auteur; l'agencement de concepts et l'expression anglaise sont ici très peu clairs).

Cette conclusion ne nous semble pas convaincante. Il est peu probable, à notre sens, que ces deux critiques, dont l'une est proposée comme étant la conséquence de l'autre (*cf.* διὸ καί), visent chacune un «dieu» différent. Il est, au contraire, bien plus naturel de supposer que le «dieu» dispensé de l'influence de la Haine dans la critique précédente (1000a26-32) soit identique au «dieu» qui, dans la critique ultérieure, ne possède pas la Haine et par conséquent ne la connaît pas (1000b3-6).

Rappelons que pour Eudème et Simplicius la période d'unité cosmique est identique à la Sphère (*cf.* pp.39-43 *supra*); que cette période d'unité ne comprend pas la Haine (*cf.* pp.30-32 *supra*); enfin, qu'Empédocle lui-même parle de la Sphère «en liesse» (γαίων, fr. 27.4). Cette Sphère «joyeuse», aboutissement du mouvement des éléments vers l'unité et de l'exclusion progressive de la Haine – n'est-il pas évident que c'est elle le dieu «bienheureux», dispensé du pouvoir de la Haine et qui ne la connaît pas?

La conclusion s'impose: le «dieu» qui est le seul à ne pas être engendré par la Haine (dans la première critique d'Aristote, 1000a29) est aussi l'entité qui exclut la Haine quand tous les éléments s'unissent (dans la suite de cette critique, 1000b1-3). Il est aussi le «dieu bienheureux» qui, puisque le semblable est reconnu par le semblable, ignore la Haine (dans la critique qui suit, 1000b3-6). On peut conclure enfin que le «dieu» de la *Métaphysique* est aussi le «dieu» du traité *De l'âme*, «le plus ignorant» de toutes les choses parce que lui, et lui seul, ne connaît pas la Haine (I 5, 410b4-7).

Troisième critique

Aristote reprend la question de la génération et de la destruction (ἀλλ' ὅθεν δὴ ὁ λόγος, 1000b9, *cf.* a26-29). Dans la première critique, la Haine était cause de génération non moins que de destruction (1000a26-29). Aristote fait observer maintenant que l'Amour est cause de destruction non moins que d'existence: en ramenant tout à l'unité, il détruit, en effet, tout ce qui est étranger à l'un (1000b9-12).

Dans ce raisonnement, l'expression εἰς τὸ ἕν (b12) est juste l'inverse de l'expression ἔξω τοῦ ἑνός, dans la première critique (a28). Puisque M. van der Ben a déjà accordé à l'expression antérieure la signification «tout ce qui n'est pas l'un» (ἔξω = «sauf», «à l'exception de»), il est obligé de s'en tenir à cette interprétation pour la présente expression. Il en est donc réduit à nous proposer une formule où les mots ne font que tourner en rond: la Haine, selon lui, serait «la cause du fait que toutes choses, en tant qu'elles ne sont pas 'uniques', sont en fait des choses différentes, alors que l'Amour est la cause du fait que les choses sont 'uniques', en tant qu'elles sont 'uniques'» (n.47 = p.80).

Mais alors que l'expression ἔξω τοῦ ἑνός (1000a28) est ambiguë, l'expression inverse εἰς τὸ ἕν (b12) ne l'est pas. Dans ce dernier passage, Aristote écrit tout simplement qu'«en ramenant toutes choses à l'un (συνάγουσα ... εἰς τὸ ἕν) l'Amour détruit tout le reste» (b11-12). D'où nous pouvons déduire légitimement le sens de l'expression parallèle et inverse dans la première critique: si l'Amour ramène toutes choses «à l'intérieur de l'un» (b12), c'est que la Haine engendre toutes choses «de l'intérieur de l'un» (a28). Dans les deux textes, le sens de l'expression (ἔξω / εἰς) est littéral.

Le sens logique, «à l'exception de l'un», est exclu. L'ambiguïté de la première critique est ainsi dissipée.[1]

La troisième critique recoupe la première. En partant de l'affirmation que la Haine détruit et que l'Amour engendre, Aristote fait jaillir le double paradoxe que la Haine engendre (en produisant des choses mortelles de l'intérieur de l'un) et que l'Amour détruit (en ramenant toutes choses à l'un). Une critique analogue se retrouve dans le traité *De la génération et de la corruption*: bien qu'il soit présenté comme cause d'unité, l'Amour morcellerait chaque élément pris séparément (II 6, 333b12-22). Si nous rendons explicite le rôle de la Haine, alors, en partant de l'affirmation que la Haine sépare et que l'Amour unit, Aristote fait naître le double paradoxe que l'Amour sépare et la Haine unit.

Ce point dans la critique que fait Aristote d'Empédocle a donné du fil à retordre à ceux qui s'arrêtent au superficiel. Constatons que, dans les deux traités, le paradoxe ne jaillit que parce que l'objet du verbe diffère. L'Amour (pour prendre cet exemple) engendre l'un, en détruisant le multiple. Il unit les éléments les uns aux autres, en séparant les parties de chaque élément isolé. En d'autres termes, l'union de deux éléments suppose la séparation des parties de l'un et de l'autre élément. La séparation de deux éléments suppose l'union des parties de l'élément individuel. Dans les fragments conservés (par exemple, frr. 17 et 21), Empédocle lui-même fait allusion à l'Amour et à la Haine uniquement lorsqu'il parle de l'union et de la séparation de *plusieurs éléments* (si bien que l'Amour unit et la Haine sépare). C'est Aristote en effet qui fait naître le paradoxe, en évoquant l'Amour et la Haine pour expliquer l'union et la séparation des parties d'*un élément* (si bien que la Haine unit et l'Amour sépare).[2]

---

[1] Le terme ἔξω est pris dans le sens de «sauf» par W. D. Ross, dans sa traduction des oeuvres d'Aristote, vol. VIII (Oxford, 1908) («*except*»). Alexandre le prend au sens où nous l'avons pris, *Met.* 219.31-34 («en sortant de l'un»). La même opposition, «à l'intérieur de l'un», «hors de l'un», en un sens manifestement littéral, se retrouve dans une description des éléments d'Empédocle au début de la *Métaphysique*, A 3, 984a8-11 (DK 31A28): συκρινόμενα καὶ διακρινόμενα εἰς ἕν τε καὶ ἐξ ἑνός.

[2] G. B. Kerferd, *CR* n.s. 21 (1971) 178, suppose, à tort, que pour Empédocle lui-même l'Amour est responsable de l'union des parties de chacun des éléments. Il est par là obligé de supposer que l'Amour est actif au moment même où les éléments ont été totalement séparés par la Haine.

A. A. Long, 'Empedocles' cosmic cycle in the sixties' 413 n.21, nous reproche

Quatrième critique

Nous en venons à la critique qui précède directement la citation du fr. 30.

> 1000b12-13: «Et en même temps Empédocle ne donne aucune raison pour le changement lui-même (αὐτῆς τῆς μεταβολῆς), si ce n'est en disant que c'est ainsi que les choses sont 'destinées' à être» (*cf.* οὕτως πέφυκεν).

M. van der Ben ne se donne pas la peine de commenter cette phrase. Son silence laisse croire au lecteur que le caractère «mythique et irrationnel» des vers qui achèvent la critique d'Aristote (*cf.* p.55 *supra*) dispense de tout examen plus détaillé du contexte où Aristote les a cités.

Soyons plus prudents. Reprenons le fil des critiques citées jusqu'ici. Selon Aristote, la Haine engendre toutes choses à partir de l'un (1000a26-32); elle se retire au fur et à mesure que les éléments se réunissent (a32-b3). Aristote fait allusion ensuite à l'absence de la Haine des éléments réunis et à l'ignorance de la Haine dont est frappé le «dieu bienheureux» (b3-9). Il évoque enfin la destruction qu'entraîne le rassemblement de toutes choses par l'Amour (b9-12). En d'autres termes, Aristote a parlé (1) du mouvement des éléments de l'un au multiple sous l'action de la Haine (a26-32), (2) du mouvement du multiple vers l'un sous l'action de l'Amour (a32-b3), (3) du plein achèvement de l'unité (b3-9), et encore une fois (4) du mouvement du multiple à l'un (b9-12). Quel est donc le «changement» dont Aristote a parlé dans son introduction au

---

d'avoir «suivi» Aristote dans sa «supposition gratuite que la Haine unit les éléments avec leurs parties». En réalité nous avons écrit précisément le contraire. Dans le fr. 22, Empédocle parle de l'union des parties de chaque élément, pris séparément (vv.1-3), pour prendre ensuite la question de l'union et de la séparation des éléments, pris tous ensemble (vv.4-9). L'Amour et la Haine ne figurent que dans la seconde partie du fragment (vv.5 et 9). Nous avons suggéré que si Empédocle n'a pas parlé de l'Amour et de la Haine dans la première partie du fragment (vv.1-3), ce serait pour *échapper* au paradoxe mis en évidence par Aristote. (*ECC* 311-312: «*Following Aristotle's line of thought, we might suppose that in the first half of the fragment Strife joins each element singly, lines 1-2, while Love separates them, line 3. Quite probably, Empedocles avoids introducing Love and Strife into the first half of the fragment precisely in order to avoid this complication.*») M. van der Ben n'est pas le seul à ne pas avoir lu les oeuvres qu'il prétend critiquer.

fr. 30, à la fin de ce passage (μεταβολή, b12-13)? Sans aucun doute, c'est celui qui sépare l'activité de la Haine et celle de l'Amour. Plus précisément, c'est celui qui sépare le retour de toutes choses dans l'un et leur sortie. Plus précisément encore, puisque le fragment parle de «l'élan de la Haine pour saisir ses honneurs», c'est le moment où l'activité de la Haine s'est manifestée par la séparation des choses à partir de l'un. Voilà, pour Aristote, le contexte du fragment.

Qu'est-il advenu du sang versé, du parjure, de la compagnie des dieux, du *daimon* déchu – bref, de tout ce qui est nécessaire à M. van der Ben pour intégrer ces vers au fr. 115 et à l'histoire des errances du *daimon* perdu? De tout cela, le Stagirite ne souffle mot.

Traduction

Nous joignons en complément une traduction de l'ensemble de ce passage, *Met.* B 4, 1000a18-b21, en signalant au fur et à mesure, par des crochets obliques, les additions principales faites au texte conformément à l'interprétation proposée ci-dessus. Les citations d'Empédocle sont mises en italiques.

Introduction (a18-20)
«Laissons toutefois (ἀλλὰ ... μέν) ceux dont les traits d'esprit alambiqués revêtent la forme du mythe; ils ne méritent pas un examen sérieux de notre part. Prenons en revanche ceux qui parlent en termes de démonstration; ce sont eux que nous devons interroger.

La question reposée (a20-24)
«Posons-leur la <même> question <qu'aux autres, à savoir:> comment se fait-il qu'en partant des mêmes <principes les choses puissent se révéler si foncièrement disparates dans leur nature:> les unes <en effet>, de par leur nature même, sont éternelles <et impérissables>, tandis que les autres, au contraire, <naissent et> périssent?

«Puisque les penseurs <qui font appel à cette répartition des êtres> n'en fournissent pas d'explication, et qu'on voit mal comment les choses peuvent se produire ainsi, il est alors évident que ce ne sont pas les mêmes principes ni les <mêmes> causes qui régissent les choses <qui périssent et celles qui ne périssent pas>.

Empédocle (a24-26)
– *distinction: cohérence / incohérence*
«Adressons-nous plus particulièrement à Empédocle. Certes, on pourrait s'attendre à trouver, chez lui, une pensée plus cohérente <sur ce point> que ne l'est celle des autres philosophes de son époque (μάλιστα, a25; *cf.* μόνος, b18); mais nous nous retrouvons en réalité devant la même histoire (*cf.* καὶ γάρ, a24): il se trouve que lui aussi est plongé dans le même embarras.

Première critique: première partie (a26-32)
– *distinction: destruction / génération*
«Empédocle suppose en effet qu'il existe comme un principe ('comme', *cf.* τινα, a26), à savoir la Haine, qui serait cause de destruction; il semble qu'il arrive tout de même que ce principe <soit> également <cause de génération, dans la mesure où c'est lui qui> engendre <ce monde> à partir de l'un (ἔξω τοῦ ἑνός, a28).

«C'est en effet à partir de ce dernier (ἐκ τούτου, a28) <c'est-à-dire à partir de l'un> que proviennent toutes les autres choses <c'est-à-dire toutes choses> à l'exception du dieu <qui est lui-même l'un>.

«En témoignent les vers (fr. 21.9-12), où '*toutes choses*', nous dit-il, '*celles qui étaient et celles qui sont <maintenant> et celles qui viendront après proviennent de ceux-ci* <à savoir des éléments, ou des 'racines' (*cf.* fr. 6), qui sont tantôt rassemblés par l'Amour, tantôt dispersés par la Haine>: *en jaillissent des arbres, des hommes et des femmes, des bêtes sauvages, des oiseaux, des poissons qui se nourrissent d'eau, ainsi que les dieux à la vie prolongée*'.

Première critique: seconde partie (a32-b3)
– *distinction: unité / pluralité*
«De plus (καί, a32), mises à part ces questions <de l'origine des choses à partir de l'un, et pour nous en tenir à l'état actuel de ce monde, en nous inspirant du terme même d'Empédocle '*sont* <maintenant>', fr. 21.9 = a30>, il est <alors de nouveau> évident <que la Haine est cause de génération, en ce sens qu'elle est cause de pluralité>. Car, <pour prendre les choses inversement,>

si la Haine n'était pas présente dans les composantes de ce monde (*cf.* ἐν τοῖς πράγμασιν, b1), alors toutes choses ne seraient qu'une seule.

«Voilà ce qu'il affirme (ὥς φησιν, b2). En effet, lorsque <toutes choses> se réunissent, à cet instant, <dit-il> (fr. 36, *cf.* fr. 35.10), *'la Haine se tient à l'extrémité'*.

<La présence de la Haine se révèle donc nécessaire au maintien de la pluralité qui caractérise le monde tel que nous le voyons; il est par là évident que la Haine est cause de génération et d'existence, et non pas seulement de destruction.>

Deuxième critique (b2-9)
– *distinction: connaissance / ignorance*

«<Nouvelle incohérence: quand les choses se réunissent, la Haine se retire; or,> c'est justement pour cette raison que, pour cet auteur, le dieu bienheureux <c'est-à-dire la Sphère, où se réunissent les éléments quand la Haine se tient *'à l'extrémité'*,> se trouve finalement avoir une connaissance moindre que les autres choses: celui-ci ne connaît pas en effet toutes les choses, parce qu'il ne possède pas la Haine, et que la connaissance se fait du semblable par le semblable.

«<Témoin les vers (fr. 109) où> il affirme: *'par la terre nous voyons la terre; par l'eau, l'eau; par l'éther, l'éther divin; par le feu, le feu dévorant; par la Tendresse, la Tendresse; enfin par la Haine, la Haine qui attriste'*.

<En ne possédant pas la Haine, le dieu – l'un, la Sphère – ne peut pas la connaître; sa connaissance est donc une connaissance limitée; ce qui est de nouveau paradoxal, puisque le dieu devrait avoir une connaissance supérieure à celle de tout être autre que lui.>

Troisième critique (b9-12)
– *distinction: existence / non-existence*

«Mais revenons plus précisément au discours d'où nous sommes partis <c'est-à-dire à la distinction entre génération et destruction, en laissant de côté la question de connaissance et d'ignorance>. Ce point du moins est clair: il s'ensuit, pour cet auteur, que la Haine est cause <de génération et> d'existence, non moins que de destruction <et de non-existence>; alors que, par un procédé parallèle et inverse (*cf.* ὁμοίως, b11), l'Amour se révèle cause <de destruction et de non-existence> non moins que <de génération et> d'existence (οὐδ' ἡ φιλότης τοῦ εἶναι, sc. αἴτιον μᾶλλον ἢ τῆς φθορᾶς, b11), car, en rassemblant <toutes choses> à l'intérieur de l'un, elle détruit <toutes> choses qui sont autres <que l'un>.

Troisième critique (b12-17)
— *distinction: cause / absence de cause*
«Une nouvelle incohérence (καί, b12) s'attache à ce dernier point de son système (ἅμα, b12), c'est-à-dire à la description du changement même <qui est ici en jeu, à savoir le passage du mouvement du multiple vers l'un au mouvement de l'un au multiple>. Empédocle ne donne <en effet> aucune explication <de ce passage>, si ce n'est pour dire que c'est ainsi que les choses sont destinées à être (πέφυκεν, b13).

«<En témoignent les vers (fr. 30):> '*Mais lorsque la Haine s'accrut dans ses <propres> membres et bondit vers les honneurs, quand le temps se fut achevé qui avait été marqué sur toute sa longueur par un large serment en échange de ces <honneurs> ...*'.

«Certes, notre auteur parle de façon à laisser entendre (*cf.* ὡς, b16) que ce changement est nécessaire, mais il n'a pas voulu donner d'explication quelconque de la nécessité <dont il serait ici question>.

Conclusion (b17-21)
— *reprise des deux distinctions principales: cohérence / incohérence, périssable / impérissable*
«Admettons toutefois que, sur ce point précis (γε, b18), lui, et lui seul, se révèle cohérent, dans la mesure où il ne suppose pas que, parmi les choses existantes, les unes soient périssables et les autres impérissables: toutes choses, pour lui, sont périssables, à l'exception des éléments.

«<Cette cohérence partielle, et cette distinction, ne suffisent pas pourtant à résoudre> le problème évoqué ci-dessus <qui> est plutôt celui de savoir pourquoi certaines choses <sont périssables>, et d'autres ne <le> sont pas, si, <comme l'ont affirmé nos prédécesseurs,> elles proviennent <les unes comme les autres> des mêmes <principes et des mêmes causes>.»

CHAPITRE IX

LE CONTEXTE DU FRAGMENT 30: LE TÉMOIGNAGE DE SIMPLICIUS

Aristote cite le fr. 30 dans la *Métaphysique*. Comment se fait-il que Simplicius l'ait cité dans son commentaire de la *Physique*? Aristote passe au crible les points faibles de la philosophie d'Empédocle dans le huitième livre de la *Physique*, dans le deuxième livre de la *Métaphysique* et dans le second livre du traité *De la génération et de la corruption*. L'examen du thème commun à ces trois textes permettra de comprendre pourquoi Simplicius a repris la citation de la *Métaphysique* dans son commentaire à la *Physique*.

Les critiques adressées à l'Agrigentin dans le traité *De la génération et de la corruption* s'achèvent – à part une brève allusion à la notion d'«âme corporelle» – par l'examen de la thèse d'après laquelle «le monde se trouve dans la même condition maintenant, dans la période de la Haine, qu'il l'était auparavant, dans la période de l'Amour» (... ἐπί τε τοῦ νείκους νῦν καὶ πρότερον ἐπὶ τῆς φιλίας, II 6, 334a5-7). Ces deux périodes traduisent, selon nous, les deux mouvements cosmiques, celui de l'un au multiple, «période de la Haine» parce qu'elle aboutit à la séparation totale des éléments, et celui du multiple vers l'un, «période de l'Amour» parce qu'elle aboutit à l'union totale des éléments (voir *ECC* 172-175). A l'intérieur de ces deux périodes, la proportion de mélange ou de séparation des éléments est la même à des moments correspondants, si bien que les deux périodes font apparaître la même série de phénomènes, mais dans l'ordre inverse: au premier moment de la période de l'Amour correspond le dernier moment de la période de la Haine, etc. Ainsi se fait-il que «le monde se trouve dans le même état maintenant qu'il l'était auparavant». Par exemple, hommes et femmes se retrouvent dans les deux périodes, fruit de l'union des éléments «auparavant», sous l'action de l'Amour, fruit de la dissolution des éléments «maintenant», sous l'action de la Haine. (Voir *ECC* 172-175, 204-205, 209-230.)

L'objection que fait Aristote à ce système est la suivante.

«Quel est le premier moteur et la cause du mouvement? Inutile de dire (*cf.* οὐ γὰρ δή ...) que c'est l'Amour ou que c'est la Haine. Ce sont là causes d'un mouvement spécifique (τινός). Le principe que nous cherchons est un premier moteur» (... εἴ <γ'> ἐστὶν ἐκεῖνο ἀρχή, οὺ ἐκεῖνο reprend τὸ κινοῦν πρῶτον, 334a7-9).

Dans ce texte, l'Amour et la Haine sont estimés «causes d'un mouvement spécifique» (τινός, a9), parce que l'Amour imprime aux éléments un mouvement du multiple vers l'un, la Haine, un mouvement de l'un au multiple. Or, dans l'optique du Stagirite, cette «spécificité» exige l'accomplissement d'une cause première. Les deux «causes» d'Empédocle ne sauraient par elles-mêmes déterminer leur rapport mutuel, à savoir la succession éternelle de l'un et de l'autre mouvement dans le temps. Pour Aristote, il devrait y avoir, en plus de l'Amour et de la Haine, un premier moteur qui puisse déterminer et coordonner ces deux mouvements successifs.

C'est là, pour l'essentiel, la critique adressée à Empédocle dans le deuxième livre de la *Métaphysique*. Les apories énumérées au début de ce traité comprennent les problèmes suivants:

«Les principes de choses périssables et de choses impérissables sont-ils les mêmes ou différents? <A supposer qu'ils soient les mêmes,> sont-ils tous impérissables? <A supposer qu'ils soient différents,> les principes de choses périssables sont-ils <eux-mêmes> périssables?» (B 1, 996a2-4, *cf.* K 2, 1060a27-36)[1]

L'énoncé plus détaillé de cette aporie amène l'exposé que fait Aristote de la pensée d'Hésiode et d'Empédocle, et qui se termine par la citation du fr. 30 (B 4, 1000a5 sqq.). Dans ce contexte, le mérite d'Empédocle est d'avoir été au moins conséquent dans la distinction qu'il fait entre choses périssables et choses impérissables: tout, pour lui, est périssable, à part les éléments (1000b17-20; ὁμολογουμένως, b18 = a25). Le reproche que lui fait Aristote est d'avoir vu dans la Haine «comme un principe» (ἀρχήν τινα,

---

[1] Dans ce texte, Aristote ne fait pas mention de la possibilité, pour lui absurde, que des principes périssables soient causes de choses impérissables.

1000a26). Cette idée, pour Aristote, est illogique: principe à la fois de génération et de destruction, la Haine s'avère posséder des fonctions contradictoires (1000a26 sqq.). La notion de «principe» est aussi insuffisante, parce qu'elle laisse le «changement» (la «conversion», le «passage», μεταβολή), des activités de l'Amour à celles de la Haine, sans autre spécification de cause que celle qui consiste à dire: «voilà la façon dont les choses sont destinées à être» (b12-13). Empédocle, selon Aristote, semble tenir ce «passage» pour nécessaire (*cf.* ὡς ἀναγκαῖον μὲν ὄν ...), mais ne donne aucune explication de la nécessité qui est ici en jeu (b16-17).

Dans ce passage, Aristote ne rend pas explicite la solution qu'il apporterait lui-même à l'aporie, ni le complément qu'il tient pour nécessaire au système d'Empédocle. Mais il nous fait savoir ailleurs (et cela grâce à plus d'une nuance) que la cause des choses périssables et impérissables est le premier moteur, lui-même impérissable et commandant l'activité de causes inférieures. C'est en effet l'absence de ce premier moteur dans la philosophie d'Empédocle qui pique le Stagirite, ici comme dans le traité *De la génération et de la corruption*.

Le même ensemble d'idées réapparaît dans la *Physique* (VIII 1, 250b23 sqq., 252a5 sqq.). L'Amour est ici cause de repos, la Haine de mouvement; mouvement et repos se succèdent «tour à tour»; Empédocle a négligé d'assigner une cause à cette alternance. Ce texte reprend le thème et les termes mêmes de la critique adressée à Empédocle dans la *Métaphysique* (*Met.* B 4, 1000b9-17 = *Phys.* VIII 1, 252a5-10, a22 sqq.; cf. *ECC* 84-85). Ce texte rejoint aussi la critique développée dans le traité *De la génération et de la corruption*; dans les deux traités, les mouvements de rassemblement et de séparation sont, pour Aristote, comme des espèces de mouvement (*De gen. et corr.* II 6, 333a11-13, 334a8-9; cf. *Phys.* VIII 1, 252a25-27). Il devrait y avoir, pour contrôler ces deux mouvements, un «premier moteur» (cf. *De gen. et corr.* 334a7-9).

Aristote rattache à ce texte de la *Physique* une censure plus générale (*cf.* ὅλως δέ, 252a32 sqq.): inutile de faire appel à la répétition sans fin des mouvements alternés; la notion d'éternité ne peut remplacer celle de cause; Démocrite a tort de ne pas vouloir assigner de cause à l'éternel (252a32-b5). Aristote reprend plus en détail cette critique dans le traité *De la génération des animaux*, en exposant expressément la nécessité de l'existence d'un «premier principe» (II 6, 742b17-35).

Qu'en est-il maintenant de Simplicius? En commentant le texte de la *Physique* (252a5 sqq.), celui-ci reprend les vers cités dans la *Métaphysique*. Le motif de cette répétition est clair. Dans les deux textes, la citation du fragment sert à illustrer l'absence, dans le système d'Empédocle, d'une cause première, au sens où l'exige la réflexion philosophique du Stagirite.

Quel est l'enseignement que l'on peut tirer, dans cette circonstance, de la citation de Simplicius? Est-elle une preuve indépendante de la position originale du fragment? Ou bien Simplicius a-t-il recopié la citation d'Aristote, et la place qu'il peut attribuer à ce fragment n'est-elle rien d'autre que la répétition de ce qu'en a dit Aristote?

M. van der Ben s'attache à ce problème à plus d'une reprise dans son commentaire, mais la réponse qu'il s'efforce d'y apporter est difficile à cerner. Il affirme tout d'abord (p.26) que le «contexte» de la citation qu'a faite Aristote du fr. 30 dans la *Métaphysique* «suggère que ce fragment vient d'un passage dans lequel on trouve le terme d'ἀνάγκη». Il s'ensuit, pour lui, que ce fragment devrait être annexé au fragment où l'on retrouve ce terme, à savoir le fr. 115. Mais quelques pages plus loin (p.32) notre auteur a changé complètement de langage. «Aristote lui-même», dit-il maintenant, dans la *Physique* aussi bien que dans la *Métaphysique*, «ne voulait signifier par l'expression ἐξ ἀνάγκης rien d'autre que 'nécessairement'». C'était Simplicius qui se fondait sur les mots d'Aristote «pour en déduire qu'Empédocle parlait littéralement de 'la Nécessité'». La différence entre ces deux hypothèses est cruciale. Dans la première hypothèse, la conclusion que le fr. 115 offrirait le contexte original du fr. 30 est fondée directement sur la citation par Aristote de ce fragment. Au contraire, dans la seconde hypothèse, le rapport entre ces deux fragments n'est rien de plus qu'une déduction faite par Simplicius.

Seconde incohérence. M. van der Ben affirme tout d'abord qu'«un commentateur qui, comme Simplicius, souhaite illustrer les déclarations d'Aristote en citant les propres mots d'Empédocle, a dû se poser la question suivante: '... Où Empédocle a-t-il assigné la génération et la destruction à la Nécessité?'» (p.28). Mais plus tard dans son analyse (p.33) notre auteur affirme qu'en se servant à ces fins du fr. 115 Simplicius laisse voir que ce fragment vient du poème cosmique et non pas des *Katharmoi*. «Il serait extrêmement bizarre», dit-il, «que l'un des deux fragments cités viennent des *Katharmoi*: pourquoi un commentateur quelconque y aurait-il cherché la solution du problème?» Mais M. van der Ben a déjà répondu à sa propre question. Si le contexte du fragment cité par Aristote ne comprenait pas de référence à la nécessité, et si par conséquent Simplicius devait lui-même en dépister une quelque part ailleurs chez Empédocle, il le ferait sans doute, même si, pour cela, il était obligé d'emprunter sa citation au poème religieux.

Troisième incohérence. Selon M. van der Ben, Simplicius voyait dans les vers du fr. 30 une allusion à la bataille de l'Amour et de la Haine et «s'est laissé peut-être influencer par Aristote lui-même pour imposer cette interprétation au fragment» (pp.32-33). Mais, selon M. van der Ben, Aristote lui-même ne prenait pas le fragment en ce sens. Aristote «n'aurait probablement pas eu d'autre intention que celle de montrer qu'une description mythologique du début d'un processus n'est pas à la hauteur d'une explication en termes de causes» (p.33). «Rien, dans la *Métaphysique*, n'indique qu'Aristote ait interprété le fr. 30 dans un sens similaire à celui qu'il donnait au fr. 26 dans la *Physique*» (n.55 = p.85). Mais comment se fait-il que Simplicius se soit laissé imposer par «Aristote lui-même» à adopter une interprétation du fragment qu'«Aristote lui-même» n'admettait pas?

Nouvelle incohérence. Selon M. van der Ben, Simplicius a mal interprété le fr. 30, en estimant qu'il a trait à l'alternance entre les pouvoirs de l'Amour et de la Haine, et en voyant en ces deux principes l'antécédent du pronom σφιν au vers 3 du fragment. Ce pronom, selon notre auteur, renvoie non pas à l'Amour et à la Haine, mais au *daimon* qui est parjure, mentionné dans le fr. 115 (pp.32-33 et notes au fr. 30). Mais si Simplicius a si radicalement mal compris ce fragment, comment se peut-il qu'il l'ait lu dans son contexte? En particulier, comment a-t-il pu supposer, en lisant ce fragment dans son contexte, que le pronom σφιν renvoie à l'Amour et à la Haine, alors que ces deux personnages n'ont pas encore paru dans la reconstitution que propose notre auteur du poème?

Mais si Simplicius n'a pas lu ces vers dans leur contexte d'origine, comment se fait-il (comme le suppose notre auteur, voir notamment la p.33) que la citation par Simplicius des fragments 30 et 115.1-2 dans un seul et même endroit nous permette d'établir le contexte de ces fragments, et notamment d'intégrer le fr. 30

au fr. 115? De deux choses l'une: ou bien Simplicius s'est radicalement mépris sur le sens du fr. 30, et dans ce cas on ne peut pas invoquer son témoignage pour déterminer la place de ce fragment; ou bien Simplicius ne s'est pas mépris sur le sens du fragment, et dans ce cas on peut en principe utiliser son témoignage pour savoir d'où viennent les vers cités. Ce que l'on n'est pas en droit de faire (faute d'une analyse beaucoup plus subtile que celle de M. van der Ben), c'est de supposer à la fois que Simplicius ait mal compris le sens du fragment et que la manière dont il le cite soit preuve patente de son contexte.

Revenons donc aux faits mentionnés ci-dessus. Aristote cite le fr. 30 dans la *Métaphysique*, en y voyant une description du moment où, à l'union totale des éléments, succède l'action séparatrice de la Discorde. Simplicius reprend la citation dans son commentaire à la *Physique*; quel est pour lui le contexte de ces vers? Selon lui, ce fragment se rapporterait à «la domination de la Haine» (ἐπὶ τῆς τοῦ νείκους ἐπικρατείας, 1184.12-13). Cette expression (la forme verbale remplaçant le substantif) se trouve déjà quelques lignes auparavant. Selon Eudème, la Sphère était en repos «au moment de la domination de l'Amour» (ἐν τῇ τῆς φιλίας ἐπικρατείᾳ, 1183.28); vient ensuite le mouvement, «quand la Haine de nouveau commence à dominer» (ἀρξαμένου δὲ πάλιν τοῦ νείκους ἐπικρατεῖν, 1184.2). Or, Simplicius n'est pas un copiste qui travaille sans réfléchir, un automate qui n'est pas conscient de ce qu'il transcrit. L'expression que Simplicius a citée d'Eudème, «quand la Haine commence à dominer» (1184.2), nous en fait savoir à coup sûr le sens, lorsque Simplicius prend à son compte la même expression, sous sa forme substantive, quelques lignes plus tard («la domination de la Haine», 1184.12-13). Simplicius, tout comme Aristote, voit dans ces vers une description du moment où l'activité de la Haine met fin à l'union totale des éléments.

Le témoignage de Simplicius est-il indépendant de celui d'Aristote? Un léger indice à ne pas négliger: Simplicius commence ainsi sa citation, αὐτὰρ ἐπεί (*Phys.* 1184.14); Aristote commence la sienne ainsi, ἀλλ' ὅτε δή (*Met.* 1000b14). Une comparaison d'ensemble des citations que font d'Empédocle Aristote et Simplicius (voir *ECC* 276-286) nous permet d'attribuer la différence entre ces deux expressions à la négligence relative d'Aristote, probablement parce qu'il cite souvent de mémoire, par opposition à Simplicius, qui a tout l'air de recopier soigneusement un texte écrit. Simplicius conserve la formule plus ancienne et exclusivement poétique, dont Aristote a donné, inconsciemment sans doute, une variante, elle aussi métrique, mais d'une époque moins ancienne et d'un effet plutôt prosaïque. Simplicius, peut-on conclure, n'a pas simplement recopié sa citation du texte d'Aristote. Il l'a tirée de son exemplaire du poème – le même exemplaire qu'il a cité souvent ailleurs et dont il se sert à sa guise (cf. *ECC* 149-154).

Qu'en est-il alors du contexte du fragment? Il est possible que Simplicius ait emprunté la citation du fr. 30 à son exemplaire du poème, mais qu'il l'ait appliquée au contexte dont il s'était déjà occupé en commentant Aristote. Il est plus probable, nous semble-t-il, que la forme indépendante de la citation du fragment chez Simplicius prouve que la confirmation qu'il a donnée du contexte originel du fragment est, elle aussi, indépendante.

CHAPITRE X

SIMPLICIUS ET LA CITATION DU FRAGMENT 115.1-2: L'INTERPRÉTATION NÉOPLATONICIENNE D'EMPÉDOCLE

Simplicius et la citation du fragment 115.1-2: le problème

Nous voici face à un problème plus complexe. Simplicius, tout comme Aristote, voit dans le fr. 30 une description de la succession de l'un et du multiple. Mais que penser des vers du fr. 115, cités par Simplicius à cet endroit de son commentaire et allégués par lui comme preuve du même phénomène, le pouvoir alterné de l'Amour et de la Discorde (fr. 115.1-2; *Phys.* 1184.9-12)? S'ensuit-il que les deux citations, fr. 30 et fr. 115.1-2, viennent d'un seul et même contexte – le poème cosmique, la description du moment où l'Amour cède à la Discorde?

Voilà en effet la conclusion qui pourrait s'imposer, si nous étions réduits à en juger sur le seul témoignage de Simplicius. Mais d'autres témoins, Hippolyte, Plutarque et Celse, nous font savoir que ce n'était pas là le sens à donner à ces vers. Selon ces trois auteurs, le contexte d'où venait cette citation (fr. 115.1-2) aurait trait à des purifications. Nous avons donc supposé que ce fragment s'intégrait au poème qui portait justement ce titre: les *Katharmoi*, le poème religieux (voir pp.14-28 *supra*).

Comment expliquer ce désaccord entre le contexte cosmique rapporté par Simplicius et le contexte de «purification» que l'on trouve chez Plutarque, Hippolyte et Celse? Une solution peut concilier les deux opinions: c'est de supposer que ces auteurs ont puisé à des textes différents. C'est en effet la solution de M. Bollack. Celui-ci se fonde sur des différences textuelles, pour suggérer que les vers du fr. 115.1-2 ont été répétés, sous une forme légèrement différente, dans les deux poèmes.

Mais l'idée que se fait M. Bollack de cette répétition n'est pas sans ambiguïté. Dans son premier volume d'introduction, M. Bollack suggère que Simplicius a tiré sa citation du poème cosmique, alors que Plutarque et Hippolyte puisaient dans le poème religieux (tome I p.153 n.6 et p.155 n.3, *cf.* p.284 n.4). Au contraire, en traduisant le texte de ces deux vers dans son deuxième volume (tome II pp.48-49 et 52-53), M. Bollack suppose que les citations de Simplicius et d'Hippolyte venaient du poème cosmique, et que seuls les vers cités par Plutarque venaient du poème religieux. En commentant la traduction de ces textes dans son troisième volume (tome III 1ère partie, p.151), M. Bollack reprend sa première hypothèse: les citations de Plutarque et d'Hippolyte sont à nouveau rapprochées, la citation de Simplicius est mise à part. Enfin, dans une note à ce commentaire (tome III 1ère partie, p.151 n.2), une troisième possibilité est envisagée. M. Bollack suggère maintenant que la citation d'Hippolyte a pu résulter d'une fusion des variantes de Simplicius et de Plutarque.[1]

Dans son troisième volume, les deux formes de la citation que propose M. Bollack sont les suivantes: ἔστιν 'Ανάγκη, χρῆμα θεῶν, σφρήγισμα παλαιόν, pour le poème cosmique (Simplicius); ἔστι τι 'Ανάγκης χρῆμα, θεῶν ψήφισμα παλαιόν, pour le poème religieux (Hippolyte et Plutarque: voir tome III 1ère partie, p.151). Les manuscrits de Simplicius donnent en effet ἔστιν ἀνάγκη ... σφρήγισμα (*varia lectio* σφράγισμα). Ceux de Plutarque et d'Hippolyte donnent ἔστι τι, bien qu'ils divergent sur le mot suivant: ἀνάγκης, Plutarque; ἀνάγκη, Hippolyte. Il est difficile de croire que ces variantes remontent au texte original d'Empédocle. Dans la citation de Simplicius, le mot κατεσφρηγισμένον du second vers du fragment a pu tout naturellement appeler σφρήγισμα au vers précédent.[2] Le τι que donnent Plutarque et Hippolyte est gênant du point de vue métrique; il a bien pu se produire par dittographie.[3]

---

[1] Nous espérons avoir déchiffré correctement les intentions de M. Bollack; certains de ses propos ne sont pas des plus clairs. La thèse d'une répétition n'est pas nouvelle: elle remonte à l'édition de Domenico Scinà, *Memorie sulla vita e filosofia d'Empedocle Gergentino* (Palermo, 1813), où des vers du fr. 115 se retrouvent et dans le poème cosmique (fr. 115.1-2; I 200-201) et dans le poème religieux (fr. 115.1, 3, 5, 6, 9 sqq.; I 250-251).

[2] La conjonction σφρήγισμα ... κατεσφρηγισμένον nous paraît bizarre. Le terme de ψήφισμα peut bien renvoyer aux dieux, voir par exemple Aristophane, *Vespae* 377-378, τὰ τοῖν θεοῖν ψηφίσματα, *cf.* LSJ *s.v.* § II. Il se retrouve chez Gorgias, qui semble s'inspirer de ce vers, *Helenes encomium* 6 = DK 289.21-22: θεῶν βουλεύμασι καὶ ἀνάγκης ψηφίσμασιν.

[3] Selon Pierre Chantraine, *Grammaire homérique* I (Paris, 1973) 86, et LSJ *s.v.* § C II, τι ne s'élide jamais. A moins qu'on en trouve d'autres exemples, le texte d'Hippolyte et de Plutarque nous paraît difficilement admissible.
Wilamowitz défend τι ἀνάγκης en faisant appel au fr. 17.30, οὔτ' ἄρ τι ἐπιγί-

Qui plus est, ce n'est pas uniquement la forme de la citation d'Hippolyte qui paraît chevaucher les deux traditions, en rappelant à la fois la citation de Plutarque (τι) et celle de Simplicius (ἀνάγκη); le contexte en est aussi ambigu. Nous l'avons évoqué jusqu'ici comme preuve de la provenance «cathartique» des vers du fr. 115. C'est ainsi, en effet, qu'Hippolyte fait allusion à ces vers dans les critiques qu'il adresse à Marcion: celui-ci, en reprenant les doctrines qui pour Hippolyte s'attachaient au fr. 115, «enseigne, en les dissimulant, les 'purifications' d'Empédocle» (*Ref.* VII 30.3-4; *cf.* pp.15-16 *supra*). Mais comme nous l'avons aussi noté, en commentant les deux premiers vers du fr. 115, Hippolyte fait appel à l'alternance de l'un et du multiple, telle que nous la trouvons relatée dans le poème cosmique (*Ref.* VII 29.23; *cf.* fr. 17; voir p.15 *supra*). Comment expliquer l'inconséquence qu'il y a chez Hippolyte à vouloir illustrer la doctrine du poème cosmique par des vers qui, à en juger d'après le même contexte, seraient tirés du poème religieux?

Une difficulté encore, que M. Bollack semble ne pas avoir vue. Simplicius n'est pas le seul à faire appel aux vers du fr. 115 en commentant les doctrines physiques d'Empédocle. Les vers de la fin de ce fragment (fr. 115.13-14) sont cités par d'autres commentateurs, Philopon et Asclépius, dans un contexte semblable à celui dans lequel Simplicius a cité les premiers vers du fragment (voir pp.84-87 *infra*). S'ensuit-il que les vers de la fin du fragment doivent être répétés eux aussi dans les deux poèmes? La possibilité d'une répétition de ces deux groupes de vers (fr. 115.1-2 et 13-14) ne peut pas être exclue. Elle ne nous semble guère convaincante.

Mais si l'hypothèse d'une répétition ne nous sourit pas, comment expliquer l'ambiguïté du témoignage d'Hippolyte, et le conflit qui oppose le contexte cosmique rapporté par Simplicius, Philopon et Asclépius au contexte religieux rapporté par Hippolyte, Celse et Plutarque?

La solution que nous proposons est la suivante. Simplicius fait preuve d'une connaissance très poussée du poème cosmique tout

---

νεται, mais sans relever d'autres parallèles (il compare ἄστυ ἐρικυδές, dans un hexamètre cité par Hérodote, VII 220): voir *SBB* (1929) 10, cf. *Griechische Verskunst* (Berlin, 1921) 608. En reprenant l'opinion de Wilamowitz, M. Bollack n'a pas cité d'autres textes, *Empédocle* III 1, 76; il semble de plus confondre genre et espèce, en excluant, fr. 17.30, l'élision et en admettant la synalèphe (dont l'élision est une des espèces, voir Schwyzer, *Griechische Grammatik* I 401).

au long de ses commentaires de la *Physique* et du traité *Du ciel.* Nulle part ailleurs, il ne montre de connaissance des doctrines ou des vers que l'on peut supposer avoir été empruntés au poème religieux. Mais Simplicius fait preuve d'un souci tâtillon et quasi pédant en illustrant, par des citations littérales du poème, toute observation d'Aristote à propos d'Empédocle. Par exemple, Aristote affirme qu'Empédocle compte sur le hasard pour expliquer certains phénomènes naturels (*Phys.* II 4, 196a19-24); Simplicius n'offre pas moins de six citations qui contiennent les mots qu'Aristote stigmatise (*Phys.* 330.31 sqq.; cf. *ECC* 150-151). Dans le texte qui nous occupe, Simplicius veut commenter ce qui, chez Aristote, est en réalité une seule idée, comme s'il s'agissait de deux idées distinctes. Pour Aristote, «la façon dont les choses sont destinées à être» (πέφυκεν) n'est rien d'autre, en fin de compte, que «la nécessité» (*cf.* ἐξ ἀνάγκης), les deux formules signalant, pour lui, l'absence d'une cause première (*Phys.* VIII 1, 252a5 sqq.; *cf.* pp.66-68*supra*). Mais Simplicius tient à donner des citations différentes pour l'une et pour l'autre de ces deux expressions. L'absence de cause (au sens péripatéticien de ce terme) dans le fr. 30 et dans les premiers vers de la citation dont s'était servi auparavant le Stagirite (fr. 26.1; *cf.* fr. 26.8-12, *Phys.* VIII 1, 250b30-251a3) suffit, pour Simplicius, à illustrer la notion de «nature». Mais Simplicius répugne alors à traiter la notion d'une «nécessité» comme n'étant, en réalité, qu'un élargissement, voire une répétition, de la même idée. Il en vient par conséquent à citer des vers qui comportent justement le mot «nécessité»; et, si l'on peut faire confiance à Hippolyte, à Plutarque et à Celse, il a emprunté cette citation au poème religieux. Mais s'ensuit-il qu'il ait eu accès au poème qu'il ne prétend citer nulle part ailleurs? Il est au contraire possible qu'il ait puisé ces vers à une autre source, peut-être à quelque anthologie. Simplicius les a recopiés pour s'en servir à ses propres fins – la seule fois qu'il puisa ailleurs qu'au texte même du poème cosmique.[1]

Mais cette idée est plus qu'une possibilité. Des vers tirés du fr. 115 sont cités plus fréquemment que ne l'est tout autre vers d'Empédocle. L'historien peut donc se faire une idée assez précise

---

[1] Les trois concepts de hasard, de nature et de nécessité qui étaient toujours unis dans la pensée du cinquième siècle sont encore liés dans les critiques que fait Aristote de ses devanciers. Pour Simplicius, au contraire, ce sont des notions distinctes, voire opposées. *Cf.* Guthrie, *History* II 163 sqq. et 414 sqq.

du rôle assigné à cette partie du poème par plusieurs auteurs de l'Antiquité. Ces auteurs voient dans l'exil et les errances du *daimon* relatés dans le fr. 115 une figure de l'activité cosmogonique de l'âme, consécutive à son arrivée dans ce monde. On est ainsi amené à citer des vers du fr. 115, malgré leur provenance «lustrale» ou «cathartique», pour illustrer les théories cosmogoniques et cosmiques du poème *Sur la nature*. Hippolyte (ou sa source) est à l'origine de cette tradition. Philopon et Asclépius en font partie. Simplicius en est tributaire, lorsqu'à un seul et même endroit de son commentaire il cite des vers d'origine cosmique (le fr. 30) et des vers de provenance «lustrale» ou religieuse (le fr. 115).

Mais nous anticipons sur les résultats de nos recherches. L'histoire de la citation du fr. 115 par les auteurs de la fin de l'Antiquité classique fait partie d'une histoire plus vaste: l'interprétation néoplatonicienne d'Empédocle. Nous allons donc faire, dans les pages qui suivent, un assez long détour avant de retrouver Simplicius et sa citation du fr. 115.[1]

L'interprétation néoplatonicienne d'Empédocle

L'auteur le plus ancien à citer le fr. 115 (à part une citation grammaticale) est aussi celui qui le cite le plus souvent. Plutarque y fait allusion cinq ou six fois dans les oeuvres qui nous restent de lui. L'une de ces citations n'est présentée que sous forme de plaisanterie (*De vit. aere al.*). Ailleurs Plutarque prend très au sérieux la doctrine exposée dans ces vers. Il s'en sert pour illustrer, sous des aspects divers, la croyance aux *daimones* – êtres intermédiaires entre hommes et dieux, et dont l'existence constitue un des noyaux de la pensée religieuse et philosophique de l'auteur (*De Is. et Os., De def. orac.*). Cette idée en appelle une autre, celle de l'âme comme étant d'essence divine, rattachée par malheur au corps mortel (*De soll. anim., De esu carnium*). D'où, enfin, l'idée voisine de l'âme errante, exilée dans cette vallée de larmes (*De exil.*). Cette dernière idée amène Plutarque à comparer le *daimon* d'Empédocle à l'âme déchue du *Phèdre*. Calcidius aura beau

---

[1] Nous ne sommes pas le premier à avoir soupçonné l'existence d'une anthologie néoplatonicienne, qui aurait été à l'origine de plusieurs citations du poème religieux. Voir Zuntz, *Persephone* 214-217; *cf.* Horna *WS* 48 (1930) 10, et Wilamowitz, *SBB* (1929) 633.

protester contre cette identité, le rapprochement est devenu monnaie courante. L'ont repris, moyennant diverses nuances, Hiéroclès, Proclus dans ses commentaires du *Timée* et du *Parménide*, Hermias dans son commentaire du *Phèdre*, Philopon dans son commentaire du traité *De l'âme*.[1]

La comparaison du *daimon* exilé et de l'âme du *Phèdre*, tout innocente qu'elle puisse paraître, est grosse de conséquences. Plotin la reprend dans son traité *De la descente de l'âme dans le corps*. Mais pour Plotin, comme pour d'autres auteurs néoplatoniciens, la descente de l'âme est plus qu'une descente: pour Plotin, l'âme, afin de descendre, «doit engendrer pour elle-même un lieu et par conséquent aussi un corps» (*cf.* IV 3 [27] 9.22-23). Cela ne veut pas dire seulement que l'âme engendre le corps individuel, animal, qu'elle habitera elle-même. L'âme, d'après Plotin, engendre l'ensemble du monde sensible, les formes réfléchies dans la matière, ainsi que la matière elle-même. La descente de l'âme n'est donc plus, pour Plotin, comme elle l'était pour Platon, la pénétration de l'âme dans un cosmos que lui a préparé le démiurge. Dans la philosophie de Plotin, l'âme elle-même engendre le cosmos en fonction de sa descente.[2]

Une fois placé dans ce contexte, l'acte même de citer les vers du fr. 115 sera-t-il exempt d'un postulat faisant de la descente de l'âme – l'exil du *daimon* – l'équivalent, la figure, d'une génération

---

[1] Dans un *Index fontium* à la fin de cet ouvrage nous avons dressé une liste chronologique d'auteurs anciens qui citent des vers du fr. 115 ou y font allusion. Nous n'avons pas jugé nécessaire de répéter dans ce chapitre les renvois que le lecteur peut trouver dans cet Index.
La liste d'auteurs ne comprend pas un passage du *Phèdre* de Platon, 248C sqq., que Diels citait dans son *Poetarum philosophorum fragmenta* (A99 = 104.34 sqq.; *cf.* Karsten, p.159), mais qu'il n'a pas repris dans son *Fragmente der Vorsokratiker*. Les idées exprimées dans ce texte peuvent bien être anciennes, mais rien n'indique qu'elles remontent spécifiquement à Empédocle.
Dans les pages qui suivent, nous ne donnerons qu'un exposé sommaire de l'usage que différents auteurs de l'Antiquité ont fait du fr. 115. Quelques précisions relatives aux doctrines néoplatoniciennes relevées dans le contexte de ces citations sont élaborées dans les Notes complémentaires, voir pp.101-103 *infra*.

[2] Celse aussi s'est intéressé au fr. 115 dans le contexte du débat sur les motifs possibles de la descente de l'âme dans ce monde, voir pp.16-17 *supra*. Le rôle joué par l'âme dans la génération de la matière est à présent un sujet de contestation dans les recherches plotiniennes. Nous avons pris position dans un article, 'Plotinus on evil', *Le Néoplatonisme* (Paris, 1971) 127-128 et 135-139. Nous reviendrons sur cette question dans une étude, 'La matière et le mal humain dans la philosophie de Plotin'.

du cosmos? Reprenons l'allusion à ce fragment par Jamblique, et le rapprochement qu'il propose entre la «première altérité» chez Plotin et «le premier éloignement du dieu» chez Empédocle. Chez Plotin, la «première altérité» survient lorsque les âmes abandonnent le «père» (par exemple, V 1 [10] 1.1-5). Cet abandon est aussi une génération: le «premier mouvement» et la «<première> altérité» traduisent en effet la génération par l'âme de la matière intelligible (par exemple, II 4 [12] 5.24-29). Cette génération sert en quelque sorte de modèle à celle de la matière du monde sensible: l'âme engendre la matière du monde sensible lorsqu'en s'éloignant progressivement du monde supérieur elle fait paraître «lieu» et «corps» (*cf.* IV 3 [27] 9.22-26). La citation du fr. 115 dans ce contexte est très éloquente: en rapprochant la notion d'«exil» et de «premier éloignement» de celle de «première altérité», Jamblique sous-entend en effet, pour ce fragment, un contexte cosmogonique.

Ainsi on voit le résultat des rapprochements successifs, du *daimon* exilé et de l'âme déchue, des notions d'«exil» et de «première altérité». Tout innocents qu'ils puissent paraître au premier abord, ces rapprochements finissent par infléchir l'intention originelle de l'auteur. L'exil et les errances du *daimon*, relatés par Empédocle dans le contexte d'une purification, se sont mués au cours des siècles en une cosmogonie.

Ce gauchissement du sens primitif du fragment est pourtant bien antérieur à Jamblique. Hippolyte en fait un exposé détaillé, où se trouve déjà le trait essentiel de l'interprétation platonicienne d'Empédocle: la distinction des mondes intelligible et sensible. Empédocle déclare que le *daimon* est condamné à «errer durant trois mille saisons loin des êtres bienheureux» (fr. 115.6). Ce sont, pour Hippolyte, les «êtres que l'Amour a rassemblés dans l'unité du monde intelligible» (*Ref.* VII 29.17 = 213.6-7 éd. W.). Ce cosmos intelligible, Hippolyte l'interprète comme étant identique à la Sphère, le monde «créé par l'Amour», et dont il a repris, quelques lignes auparavant, la description donnée par le poète lui-même (fr. 29, *cf.* fr. 134.2-3; *Ref.* VII 29.13-14 = 212.9-16 éd. W.). Les deux descriptions, «monde intelligible» et «Sphère», s'unissent dans une seule formule, celle du «monde intelligible qui est dominé par l'Amour» (*Ref.* VII 31.3 = 216.22-23 éd. W.).

L'identité de la Sphère et du monde intelligible est devenue classique chez les auteurs ultérieurs. Proclus, par exemple, en faisant allusion au fr. 115 au début de son commentaire sur le *Timée*, affirme que, pour Empédocle, il existe deux Sphères, «la Sphère sensible, dans laquelle domine la Discorde, et la Sphère intelligible, celle-ci unifiée par l'Amour»; de ces deux Sphères, «l'une serait l'image de l'autre» (*in Tim.* 160D = II 69.24-27 éd. Diehl). Ailleurs, la «Sphère intelligible» est la Sphère «là-haut» ou «transcendante» (*in Tim.* 6C = I 18.3). La relation des Sphères «intelligible» et «sensible» fait sous-entendre une comparaison avec «l'animal intelligible», paradigme du monde sensible dans le *Timée* (*Tim.* 30C-31B, cf. *in Tim.* 160C-D = II 69.8-27).

Cette interprétation se retrouve très fréquemment chez les commentateurs d'Aristote, à cette différence près que, chez eux, la distinction des mondes intelligible et sensible porte un coup explicite et mortel à la théorie primitive de l'alternance de l'un et du multiple. Syrianus, par exemple, reprend l'interprétation que l'on trouve chez Proclus. Il rapproche Empédocle de Parménide et de Platon; il voit dans l'opposition de l'un et du multiple la distinction de l'intelligible et du sensible; l'Amour, pour lui, est cause du monde intelligible, la Haine, du monde sensible (*Met.* 11.28-35, 42.35-43.28, 171.11-20, 187.23-27). Cette interprétation anéantit la possibilité que les deux «mondes» se remplacent, l'un l'autre, dans le temps. Syrianus est formel à ce sujet:

> «On ne peut reprocher – ce serait injuste – à Empédocle ... que son 'mélange' soit détruit par la Haine. La Haine n'est pas en effet exterminatrice, du moins pas dans la mesure où c'est elle qui engendre le cosmos. De même, la Sphère, selon lui, n'est jamais réduite à néant, à moins que nous ne nous accrochions aux mots qui forment le début de toute sa théologie, et que nous passions complètement à côté de ce que veut vraiment dire cet auteur (εἰ μή τις τῶν ῥημάτων ἐχόμενος ... ἀφίσταιτο τῆς διανοίας τἀνδρός).
>
> «Au contraire, la vérité, pour lui, c'est que la Haine engendre pluralité et altérité, l'Amour, identité et unité. Ainsi l'Amour commande les choses intelligibles (auxquelles Empédocle a donné le nom de Sphère), la Haine, les choses sensibles.» (*Met.* 187.19-26)

Dans ce texte, l'«engendrement» du cosmos n'est plus, pour Syrianus, un engendrement temporel. Si la Sphère n'est pas détruite, il s'ensuit que le multiple ne peut pas succéder à l'un dans le temps. L'un et le multiple, monde intelligible et monde sensible, coexistent. La destruction de la Sphère, la succession temporelle de l'un et du multiple, ne proviennent que d'une interprétation non-fondée et littérale du poème, celle d'exégètes qui «s'accrochent» aux mots du poème, en «passant complètement à côté» du sens véritable de l'auteur.

Bref, Syrianus fait connaître deux interprétations inconciliables du poème, l'une littérale et fausse, l'autre métaphorique ou mythique et vraie. Selon l'interprétation littérale, la Sphère est détruite, et le multiple succède à l'un dans le temps. Selon l'interprétation mythique, la Sphère n'est pas détruite, et la distinction de l'un et du multiple, du monde intelligible et du monde sensible, est une distinction ontologique et non pas temporelle.

Syrianus fait appel à l'interprétation mythique – ce que nous appellerons désormais l'interprétation non-temporelle d'Empédocle – pour élucider le sens des vers cités par Aristote dans le deuxième livre de la *Métaphysique*, le fr. 30. Son commentaire de ce texte fait ressortir le trait essentiel de l'interprétation néoplatonicienne d'Empédocle: la notion de transcendance. Le «temps», dans le fragment cité, est pour Syrianus le nom sous lequel Empédocle désigne l'Un élevé au-dessus même de l'unité du monde intelligible (l'un «au-delà de l'être», chez Plotin). De cet Un découleraient, dans une «succession» qui n'est pas dans le temps, l'unité subordonnée du monde intelligible et la pluralité du monde perçu par les sens (*Met.* 42.35 sqq.).

L'aspect paradoxal de cette interprétation n'échappera pas à ceux qui étudient les vicissitudes de la doxographie dans l'Antiquité. La notion de cause première, ou de principe premier, absente, pour Aristote, de la philosophie d'Empédocle, y était bien visible pour des auteurs plus tardifs. Par exemple, selon l'auteur – ou les auteurs – de la collection d'*Opinions des anciens philosophes* (collection dont les origines remontent à Théophraste, mais dont l'extrait suivant témoigne d'une rédaction postérieure), «la substance de la nécessité», pour Empédocle, «est une cause qui gouverne les principes et les éléments» (Aet. I 26.1 = DK 31A45). Voilà précisément la conception que, d'après la déclaration explicite d'Aristote, Empédocle aurait dû introduire, et qui en réalité fait défaut dans son système (*Met.* B 4, 1000b12-13, voir pp.61-62 *supra*). Syrianus s'enhardit davantage: les vers mêmes cités par

Aristote pour prouver l'absence d'une cause première chez Empédocle (fr. 30), Syrianus s'en sert, dans le texte cité, pour dévoiler l'identité de cette cause.

Examinons de plus près le détail de cette interprétation du fragment. Syrianus s'écarte explicitement de l'exégèse qu'en avait donnée Aristote.

> «Nous n'admettons pas qu'Empédocle considère que toutes choses périssent; il ne manque pas de logique à ce point. Bien au contraire, Empédocle reconnaît, comme le font également ses condisciples pythagoriciens, une distinction entre substances sensibles et intelligibles.
> «Nous n'admettons pas non plus que pour Empédocle la Haine soit principe de destruction et l'Amour seul principe générateur. Nous n'admettons pas davantage qu'Empédocle reste complètement muet sur la cause de ce qui paraît être leur domination alternée.» (*Met.* 43.6-11)

S'ébauche ensuite l'interprétation des deux mondes et de l'Un transcendant.

> «En tant que Pythagoricien et Orphique, Empédocle déclare qu'il existe un principe premier et unique de toutes choses. Au sujet de ce principe, ni lui, ni Parménide, ne se hasardent à être très explicites (... ἐπέτρεπον ἑαυτοῖς λόγους καταβάλλεσθαι πλείονας).
> «A la suite de ce principe, viennent deux principes <subordonnés>, l'Amour et la Discorde. Les Pythagoriciens les appelaient couramment monade et dyade, nommant celle-ci 'la dyade sans limite', à cause de sa capacité à arriver la première partout.
> «De ces deux principes ressortent les mondes intelligible et sensible. Dans le monde intelligible, nommé Sphère à cause de la forme qu'il revêt, l'Amour domine, en raison de l'unité des substances immatérielles et divines <qui constituent le domaine intelligible>: c'est pourquoi l'univers a tout l'air d'être la progéniture de l'Amour. Dans le domaine sensible, la Haine domine.» (*Met.* 43.11-20)

Une fois établie cette base (d'un néoplatonisme des plus purs en l'occurrence), Syrianus revient à l'identité de la cause qui détermine l'«apparence» (*cf.* δοκούσης, 43.10) du pouvoir alterné de l'Amour et de la Discorde.

> «Pourquoi chaque principe domine-t-il dans l'un ou l'autre monde, bien que tous deux soient présents partout? La raison en est la perfection qui leur est dispensée par l'Un qui les surpasse tous deux (τοῦ ἑνὸς τοῦ ἀμφοῖν ἐξῃρημένου). Cette perfection, Empédocle l'appelle 'la perfection du temps' (*cf.* fr. 30.2). Il s'agit d'un perfectionnement projeté par un principe qui veille sur le tout et le maintient. Orphée aussi appelait 'temps' son premier principe.
> «Empédocle appelle son premier principe, d'un certain point de vue, un 'serment' (*cf.* fr. 30.3), comme si c'était un rempart (ὅρκος / ἕρκος, le jeu de mots est intraduisible) et une garde <ou encore une protection> d'autres choses.
> «D'un autre point de vue, la perfection qui va du serment ou de l'Un vers les deux principes de toutes choses et qui leur dispense, au fur et à mesure, leurs capacités et leurs dominations, il la nomme 'le perfectionnement du temps', comme s'il voulait dire le perfectionnement qui provient du temps.» (*Met.* 43.20-28)

En se fondant sur cette analyse, Syrianus propose pour toutes les expressions du fr. 30 une lecture qui à nos yeux serait manifestement métaphorique, voire allégorique. Cet exercice est en effet peu contraignant. Seul fait problème le terme ἀμοιβαῖος: la notion de succession qu'implique ce terme est difficilement conciliable avec l'interprétation non-temporelle du fragment. Pour parer à cette difficulté, Syrianus remet en question, encore une fois, en commentant ce terme, ce qu'il avait reconnu auparavant être le sens littéral du discours empédocléen. Dans le passage qui suit, Syrianus prend parti pour ce qu'il considère comme le sens originel de ce terme, le sens voulu par l'auteur, contre le sens périmé, le sens littéral, auquel se tenait (à tort) Aristote.

> «'En échange' (ἀμοιβαῖος) ne signifie pas que l'Un transcendant amène la perfection d'abord à un principe subordonné et ensuite à l'autre (ποτὲ μὲν τούτῳ ποτὲ δὲ ἐκείνῳ ... ἐπιφέρει). Le sens en est que l'Un communique <aux deux

principes subordonnés, l'Amour et la Haine> la perfection qui est propre à chacun et qui convient à tous les deux.

«Si le sens qu'il lui donne suppose également que l'être subordonné à l'Un est 'en échange' en ce sens qu'il est toujours présent aux deux principes inférieurs et ne reste nullement en deçà de toute chose existante, du moins pas en deçà de l'un et de l'autre principe qui viennent après lui <à savoir, l'Amour et la Haine,> dans ce cas Empédocle s'est de nouveau exprimé correctement, semble-t-il. Les choses bonnes offertes par le premier principe de toutes choses sont en effet présentes à tous et à chacun en particulier.» (*Met.* 44.3-9)

Qu'en est-il maintenant de la descente de l'âme et de l'interprétation du fr. 115? L'interprétation qu'a donnée Syrianus du fr. 30 est celle même que reprend Philopon en commentant le fr. 115. Dans son commentaire du premier livre de la *Physique*, Philopon interprète l'alternance des deux mondes, sensible et intelligible, comme étant en réalité un récit de la descente de l'âme telle que la décrit le fr. 115.

«Empédocle supposait qu'il y avait deux mondes, d'un côté le monde perçu par les sens et composé des quatre éléments, et de l'autre côté la Sphère, c'est-à-dire le monde intelligible, qu'il appelle 'Sphère' parce qu'elle est repliée sur elle-même et qu'elle est plus rapprochée de l'état d'unité.

«Ces deux mondes, selon lui, se transforment l'un en l'autre. Lorsque l'Amour prédomine, les éléments se transforment en Sphère. En revanche, lorsque c'est la Haine qui domine, la Sphère se transforme en éléments. Il ne veut pas dire par là que ces deux mondes se changent <réellement> l'un en l'autre; il fait allusion plutôt (οὐ τοῦτο λέγων ... ἀλλὰ ... σημαίνων) au changement que subit notre âme en passant d'un monde à l'autre.» (*Phys.* 24.3-11)

Suit une comparaison avec les cercles du «même» et de «l'autre» chez Platon (24.11-17). Philopon reprend:

«Le changement que subit notre âme en passant du monde intelligible au monde sensible, Empédocle l'appelle un changement des mondes <eux-mêmes>. Ainsi s'expliquent ces paroles prononcées à propos de l'âme et dont on trouve des échos partout (ὅθεν καὶ τὸ πολυθρύλητον ἐκεῖνο περὶ ψυχῆς ἔφη, fr. 115.13-14): 'C'est ainsi que je suis arrivé à cet endroit, moi aussi, exilé des dieux et vagabond, parce que je mets ma confiance dans la Haine furibonde'.

«Il veut dire par là qu'il s'est laissé influencer par la puissance de l'âme qui est génératrice d'altérité <et non pas par celle qui est génératrice d'identité – suivant la distinction proposée par Platon dans le *Timée*>.» (*Phys.* 24.17-22)

Philopon fait appel à ces deux vers dans un contexte similaire, dans son commentaire du traité *De l'âme*. Il y fait allusion aussi, en commentant les critiques adressées à Empédocle dans le second livre du traité *De la génération et de la corruption*. Les a-t-il repris en commentant les critiques analogues dans le huitième livre de la *Physique* et dans la *Métaphysique*? Ne sont conservés que quelques extraits du commentaire de Philopon sur les livres postérieurs de la *Physique*; le fr. 115 n'y est pas mentionné. Il n'est pas mentionné non plus dans la version latine du commentaire de la *Métaphysique*, publiée sous son nom vers la fin de la Renaissance.[1] Mais cette seconde lacune est comblée par un commentateur plus tardif: Asclépius.

Dans son commentaire de la *Métaphysique*, Asclépius reprend l'interprétation non-temporelle d'Empédocle telle que Syrianus l'avait exposée. Le «temps» du fr. 30 est ici encore un principe premier; en sont dérivés le monde idéal et le monde perçu par les sens, celui-ci engendré par la Discorde, celui-là par l'Amour (*Met.* 198.25 sqq.; *cf.* 197.10 sqq.). Pour Asclépius, tout comme pour Syrianus, le talon d'Achille de cette interprétation est le terme ἀμοιβαῖος. Asclépius fait un effort pour donner à ce terme un sens plus littéral, tout en s'en tenant, pour l'essentiel, à l'interprétation non-temporelle du fragment.

---

[1] *Joannis Philoponi breves sed apprime doctae et utiles expositiones in omnes XIIII Aristotelis libros eos qui vocantur metaphysici, quas Franciscus Patricius de graecis latinas fecerat, nunc primo typis excussae in lucem prodeunt.* Ferrariae, apud Dominicum Mamarellum. 1583. Ff. 67. Voir ff. 10 *recto* ii sqq. W. Kroll ne disposait pas de cet ouvrage au moment où il écrivait son article sur Philopon, *cf.* P.-W., *RE* IX (1916) 1780. Sur l'existence d'un texte grec de ce commentaire, voir H. Reiner, 'Der Metaphysik-Kommentar des Joannes Philoponos', *Hermes* 82 (1954) 480-482.

«Par le terme 'en échange' Empédocle ne veut pas dire que la Haine vient après l'Amour selon un ordre de succession (ἐκ διαδοχῆς μετὰ τὴν φιλίαν τὸ νεῖκος). Le sens de ce terme est, au contraire, le sens habituel de l'expression: 'je tiens à payer de retour quelqu'un (ἀμείψασθαι)', c'est-à-dire à faire du bien à quelqu'un qui m'a fait du bien. En effet, le perfectionnement <des êtres subordonnés à l'Un> est 'en échange', dans ce sens que la perfection que possède la dyade, elle la reçoit en tant qu'illumination du temps – je veux dire l'illumination qui provient de la hénade – et elle la transmet aux objets de ce monde.» (*Met.* 199.1-5)

A cette interprétation du fr. 30, empruntée à Syrianus, s'intègre maintenant l'interprétation du fr. 115 qu'avait donnée Philopon.

«Répétons ce que l'on a déjà souvent dit: toutes ces choses-là, Empédocle en parlait de façon symbolique. Il ne supposait pas que la Sphère serait détruite, comme il affirme qu'elle l'était (οὔτε γὰρ ... ὑπετίθετο ... ὥς φησιν). Il ne croyait pas non plus à la destruction du monde sensible. Loin de là! A travers ces <images>, il tenait à élucider la remontée et la descente de l'âme. Ainsi s'expliquent les vers (fr. 115.13-14): 'C'est ainsi que je suis arrivé à cet endroit, moi aussi, exilé des dieux et vagabond, parce que je mets ma confiance dans la Haine enflammée'.» (*Met.* 197.17-21)

Dans ces deux textes d'Asclépius, s'achève l'interprétation néoplatonicienne d'Empédocle. La distinction des contextes cosmique (fr. 30) et religieux (fr. 115) est ici estompée, sinon oblitérée. «Serment», «échange», «exil», «nécessité», font tous partie maintenant d'un seul et même contexte, où se réunissent les éléments essentiels du platonisme et du néoplatonisme: l'Un transcendant, les deux mondes sensible et intelligible, la descente de l'âme dans le monde visible, sa remontée au monde intelligible.

Cette interprétation est l'épanouissement de ce qui était en germe dans l'interprétation que donnait Hippolyte du fr. 115, et qui n'était que l'explicitation du rapprochement du *daimon* exilé et de l'âme déchue du *Phèdre*. Ce rapprochement suggère, en effet, la distinction de l'intelligible et du sensible, distinction qui en vient à remplacer, dans le commentaire de la *Réfutation*, l'alternance de l'un et du multiple. Le rapprochement d'Empédocle et de Plotin ne fait qu'accentuer cette lecture du poème; pour Plotin, la descente de l'âme est aussi une génération du cosmos. Ainsi l'exil du *daimon*, rapporté dans le poème religieux, peut-il s'intégrer sans difficulté aux doctrines cosmiques et cosmogoniques du poème *Sur la nature*, cette intégration permettant d'ailleurs de rejeter la notion d'une succession temporelle de l'un et du multiple. Dans l'interprétation néoplatonicienne, en effet, les mouvements de l'âme rapportés dans le fr. 115 rendent compte de l'aspect temporel du passage de l'un au multiple rapporté dans le fr. 30, si bien que le «temps» dont il est question dans ce fragment devient le symbole de l'Un transcendant et intemporel.

Certes, pour en venir à cette interprétation, il faut bien s'écarter des «termes mêmes» (τῶν ῥημάτων) du poème, en faveur de «l'intention réelle» du poète (τῆς διανοίας τἀνδρός), pour reprendre la distinction de Syrianus (*Met.* 187.22-23). Même sans cet aveu plus ou moins explicite, le manque d'historicité dans l'interprétation néoplatonicienne d'Empédocle est clair. Syrianus et ses successeurs témoignent en effet de préoccupations qui n'ont rien à voir, ou très peu, avec les idées exposées par Empédocle, à l'aube de la pensée philosophique en Grèce, mille ans auparavant.

Il est d'autant plus déconcertant que certains chercheurs de notre temps, mille cinq cents ans après Syrianus, se rangent du côté de l'interprétation platonicienne et néoplatonicienne – et, tout comme Syrianus, aillent jusqu'à supposer que ceux qui s'efforcent de se «raccrocher» aux termes mêmes d'Empédocle «passent» en effet «complètement à côté de ce que veut vraiment dire cet auteur.»[1]

---

[1] *Note historique.* Syrianus fut le chef de l'école platonicienne d'Athènes à partir de 431/2 après J.-C. Son élève et successeur à Athènes fut Proclus, jusqu'en 485 après J.-C. Hermias, lui aussi élève de Syrianus, établit une école platonicienne à Alexandrie. Son fils Ammonius, élève de Proclus et beau-fils de Syrianus, lui succéda. Philopon et Asclépius, ainsi que Simplicius, furent tous deux élèves d'Ammonius; on considère généralement que leurs commentaires sur Aristote puisent largement dans Ammonius.

Bien qu'Ammonius lui-même ne se réfère qu'une seule fois à Empédocle dans les commentaires qui nous sont conservés, on peut tout de même en déduire qu'il adhérait à l'essentiel de l'interprétation néoplatonicienne d'Empédocle. En citant le fr. 134, il affirme en effet que «le sage d'Agrigente a parlé en termes obscurs d'une cause qui est au-delà de l'Esprit» (*De int.* 249.1-15).

La source de la citation faite par Simplicius du fragment 115.1-2

Revenons à Simplicius et à la citation des fragments 30 et 115.1-2. La juxtaposition par Simplicius de ces deux fragments dans son commentaire du livre huit de la *Physique*, peut-on l'expliquer à partir de la tradition où s'inscrivent les autres commentateurs de son époque et de l'époque précédente, Syrianus, Philopon, Asclépius?

L'attitude de Simplicius diffère de celle de Syrianus sur un point. Pour Syrianus, Aristote avait tout simplement tort de voir dans l'alternance temporelle de la Sphère et du monde sensible la pensée réelle d'Empédocle. Simplicius, au contraire, plus porté à l'indulgence et plus respectueux à l'égard du Stagirite, admet qu'Aristote a correctement expliqué le sens littéral des vers d'Empédocle. Il estime qu'en toute connaissance de cause Aristote a décidé de ne pas en exposer la véritable signification. Moyennant cette différence, Simplicius adhère à l'interprétation platonisante d'Empédocle, exposée chez Syrianus, Philopon et Asclépius (voir *ECC* 28-29, 99-101). En particulier, Simplicius partage (du moins ne marque-t-il à ce propos aucun signe de désaccord) la croyance, essentielle à l'interprétation néoplatonicienne d'Empédocle, en un principe initial, antérieur à l'Amour et à la Discorde.

> «Il vaut donc mieux rassembler plusieurs oppositions en une seule, et c'est ce que fait Empédocle. Les deux oppositions qu'il met dans les éléments, le chaud et le froid, la sécheresse et l'humidité, il les place toutes deux sous le signe d'une seule opposition, celle de la Haine et de l'Amour. Cette opposition, il l'a subordonnée à une monade, qui est la monade de la nécessité.» (*Phys.* 197.9-13, *cf.* 465.10-13)

Le principe suprême, la «monade», mentionnée dans ce texte, est celui même qu'ont évoqué Syrianus et Asclépius, en commentant le fr. 30 (voir pp.81-87 *supra*). La déformation dont il témoigne dans le système d'Empédocle remonte, nous l'avons vu, à la *Collection d'opinions* d'Aétius (voir p.81 *supra*). L'adhésion de Simplicius à cette interprétation, peut-elle élucider la citation des fragments 30 et 115.1-2 dans son commentaire au livre huit de la *Physique*?

Rappelons très brièvement les preuves dégagées jusqu'ici. Hippolyte et Proclus se servent du fr. 115 pour étayer une interprétation platonicienne et néoplatonicienne d'Empédocle. Philopon et Asclépius font appel aux derniers vers du même fragment, le premier pour commenter les critiques que fait Aristote à Empédocle dans le traité *De la génération et de la corruption*, le second pour commenter les critiques de la *Métaphysique*. Or, selon l'interprétation que nous proposons (pp.66-68 *supra*), la critique d'Aristote dans ces deux traités est la même que celle qu'il adresse à Empédocle au dernier livre de la *Physique*: dans les trois textes, Aristote fait grief à Empédocle d'avoir passé sous silence la notion de cause première. En reprenant, pour illustrer le texte de la *Physique*, les vers qu'Aristote lui-même citait dans la *Métaphysique* (fr. 30), Simplicius prouve qu'il a reconnu la similarité de la critique adressée à Empédocle dans les deux traités. Est-il étrange que, ce faisant, il reprenne aussi des vers du fragment cité par Asclépius dans son commentaire de la *Métaphysique* et par Philopon dans son commentaire de la *Physique*? Rappelons que les vers de ce distique étaient des plus connus dans l'Antiquité: «on en trouve», dit Philopon, «des échos partout» (*Phys.* 24.18-19). La citation, peut-on supposer, faisait partie de quelque anthologie; du moins figurait-elle souvent dans des discussions portant sur la descente de l'âme. Une conclusion s'imposerait alors. Simplicius a puisé dans la même source pour illustrer ce qui pour lui, comme pour ses contemporains, était la clef de voûte du système d'Empédocle: «la monade de la nécessité».

Si cette hypothèse est exacte, ce texte de Simplicius est pour l'«indiligent lecteur» un miroir aux alouettes. On ne saurait en effet tirer de ce passage la conclusion que le fr. 115 était accolé au fr. 30 dans le poème original d'Empédocle, donc que les deux fragments faisaient partie du poème cosmique. A ce point de son commentaire, Simplicius ne ferait que refléter l'interprétation pervertie du système d'Empédocle qui provenait d'autres commentateurs de son époque et de l'époque précédente.

Ainsi, en s'appuyant exceptionnellement sur des preuves de seconde main pour sa citation d'Empédocle, Simplicius a été amené à écrire comme si les vers du début du fr. 115 fournissaient l'explication d'Empédocle lui-même sur la «nécessité» qui gouverne l'alternance de l'Amour et de la Haine. Il s'est laissé guider à ce moment-là par la tradition représentée par Philopon et Asclépius, dans laquelle le fr. 115 appartient au récit de la génération non-temporelle du cosmos et sert en particulier à remplacer l'alternance de l'un et du multiple par les mouvements de l'âme entre la Sphère, ou le monde intelligible, et le monde perçu par les sens.

Si nous rejetons cette perspective, d'inspiration platonicienne et néoplatonicienne, il est clair, à en juger d'après les témoignages d'Hippolyte, de Plutarque et de Celse, que le fr. 115 venait d'un contexte ayant trait aux «purifications», donc du poème religieux. Les vers en ont été tirés, afin d'atténuer le sens littéral des vers en provenance du poème cosmique et cités par Aristote dans la *Métaphysique*, et afin d'établir – à l'encontre du sens littéral qu'avait pour sa part adopté Aristote – une interprétation mythique et non-temporelle.

Nous concluons qu'en examinant de près les données relatives à la position du fr. 115, ce fragment pourrait faire partie du poème cosmique, mais à la seule condition que nous mettions sens dessus dessous – que nous bouleversions – l'histoire de la philosophie de l'Antiquité. Il eût fallu en effet supposer qu'Empédocle distinguait le sensible et l'intelligible aussi parfaitement que Platon, et devançait la notion plotinienne de l'Un transcendant, mais qu'il choisissait délibérément de cacher ces deux aspects de sa pensée sous forme d'images et de métaphores. Plotin, certes, n'aurait pas été mécontent de considérer sa philosophie comme un miroir fidèle de Pythagore et d'Empédocle. Les chercheurs d'aujourd'hui tiendraient-ils également à ne voir dans Empédocle qu'un représentant fidèle, mais déguisé, du platonisme, voire du néoplatonisme?

# NOTES COMPLÉMENTAIRES

1. PRÉCISIONS RELATIVES À HIPPOLYTE ET À PLUTARQUE

(i)

Reprenons l'interdiction du «rapport sexuel avec les femmes» qu'Hippolyte met sur le compte d'Empédocle en commentant les vers du fr. 115 (*Ref.* VII 29.22 = 214.9-16 éd. W.; *cf.* pp.15-16 *supra*). Pourquoi Empédocle chercherait-il à éloigner ses disciples des rapports sexuels (ou du moins hétérosexuels), alors que l'Amour est cette force qu'Empédocle «glorifie» (*cf.* Aristote, *De gen. et corr.* II 6, 333b19-20 = DK 31A40), et qu'on «appelle» ce personnage «par le nom d'Aphrodite» (fr. 17.24), déesse aux appas bel et bien sexuels?

La réponse présente à l'esprit d'Hippolyte est visible dans la critique qu'il adresse à Marcion, et plus précisément dans le reproche qu'il lui fait d'avoir interdit à ses disciples de «se marier» et d'«avoir des enfants» (*cf.* κωλύεις γαμεῖν, τεκνοῦν, *Ref.* VII 30.3 = 216.5 éd. W.). La procréation suppose en effet une augmentation de pluralité, elle traduit par conséquent l'influence de la Haine, et non pas celle de l'Amour. Ainsi s'explique qu'en voulant «tenir une et intacte l'oeuvre de l'Amour», Marcion cherche à «briser les mariages unis par Dieu»; ainsi s'explique que «pour Empédocle le mariage divise l'un et en fait le multiple» (*Ref.* VII 30.4 = 216.10-13 éd. W.; cf. *ECC* 187-188 et 205-206). Avoir des rapports sexuels avec les femmes, c'est en effet «participer aux actes commandés par la Haine»; c'est donc l'aider à «déchirer» les âmes de l'unité non-cosmique, à l'encontre de l'Amour qui «peine et lutte» pour les y renvoyer (cf. *Ref.* VII 29.15 = 212.25-26 éd. W., et VII 29.21-22 = 214.5-9, 15-16 éd. W.).

Signalons dans ce texte la formule elliptique, *Ref.* VII 30.3 = 216.5 éd. W.: κωλύεις γαμεῖν, τεκνοῦν, ἀπέχεσθαι (*sc.* κελεύεις) βρωμάτων κ.τ.λ. Cette ellipse se retrouve dans un texte de saint Paul, où l'auteur s'en prend à de «faux prophètes» qui (tout comme Marcion) interdisent le mariage et imposent des restrictions alimentaires, I *Tim.* IV 2-3: ψευδολόγων ... κωλυόντων γαμεῖν, ἀπέχεσθαι (*sc.* κελευόντων) βρωμάτων κ.τ.λ. L'absence de «procréation» dans le texte de saint Paul met en valeur l'importance de ce terme dans la *Réfutation*: cette addition permet en effet de rapprocher l'hérésie de Marcion à la fois de la doctrine païenne d'Empédocle et de la «fausse prophétie» proscrite par l'Apôtre.

(ii)

Le rapprochement du mariage et de la Haine est important à plus d'un égard. Zeller oppose au pouvoir de la Haine toute activité sexuelle, si bien que, pour lui, une zoogonie qui s'effectue par la procréation ne saurait s'inscrire dans une période soumise à l'influence de la Discorde (*cf.* ZN 988 n.2). Le passage que nous venons de citer de la *Réfutation* fait dissiper cette équivoque: à en juger par Hippolyte, la procréation, malgré son caractère sexuel, traduit l'influence de la Haine et non pas celle de l'Amour.

On nous reproche d'avoir fait appel au texte d'Hippolyte sur le mariage, en réfutant l'assertion de Zeller, et d'avoir récusé le témoignage du même auteur quant à la «nécessité». (Voir J. P. Hershbell, *Phronesis* 18 [1973] 98-99; cf. *ECC* 187-188, 209-210, 248-249). Mais accepter une partie du témoignage d'Hippolyte ne nous engage pas à en accepter l'ensemble. Les deux parties du texte sont en effet bien différentes. La notion de nécessité fait partie intégrante de l'interprétation platonisante d'Empédocle; c'est elle en effet qui permet d'intégrer au poème «cathartique» l'alternance de l'un et du multiple relatée dans le poème *Sur la nature* (cf. *Ref.* VII 29.23 = 214.19-22 éd. W.; voir pp.15 et 79 *supra*). La mention de «mariage» et de «procréation» est une tout autre affaire: elle n'a pas le caractère anachronique dont est frappée la notion d'une «nécessité» supérieure aux mondes sensible et intelligible; elle ne contredit pas le témoignage exprès d'Aristote (*cf.* pp.66-69 *supra*).

L'alliance – pour nous bizarre – de la Haine et de procréation ne se trouve pas ailleurs dans la littérature de l'Antiquité, si ce n'est chez Plutarque. (Nous laissons de côté les interdictions pythagoriciennes données comme interprétation du fr. 141.) En citant Empédocle et Héraclite, ce dernier parle de l'enfantement comme d'un acte «contre nature» (*De soll. anim.* chap. 7, 964D-E), il parle notamment d'organes «arrachés» à la mère (ἀποσπωμένοις). Ce terme est employé très fréquemment dans ces chapitres de la *Réfutation*; Hippolyte s'en sert régulièrement pour désigner l'action séparatrice de la Discorde (*Ref.* VII 29.12 = 212.7 éd. W.;

chap. 14 = 212.17 et 21 éd. W.; chap. 15 = 212.25 éd. W.; chap. 24 = 214.25 et 27 éd. W.; *cf.* διασπᾶν, VII 29.8 = 211.13 éd. W.; chap. 12 = 212.6 éd. W.; chap. 22 = 214.16 éd. W.). Se peut-il que Plutarque soit à l'origine des informations données sur Empédocle dans ces chapitres de la *Réfutation* (VII 29 sqq.)? Hippolyte fait allusion ailleurs à l'ouvrage en dix volumes que Plutarque consacrait à Empédocle (ἐν ταῖς πρὸς Ἐμπεδοκλέα δέκα βίβλοις, VI 20.6 = 122.5-6 éd. W.). Diels a proposé d'y voir la source de la citation que fait Hippolyte du fr. 115 (*SBB* [1898] 399; cf. *ECC* 209-210). Ainsi s'expliquerait en effet la richesse du commentaire attaché à ce fragment dans la *Réfutation* – richesse qui dépassait les connaissances personnelles d'Hippolyte.

J. P. Hershbell remet en question cette hypothèse (*Phronesis* 18 [1973] 97-114, 187-203, voir notamment 187-195). Il insiste sur la différence entre la citation qu'Hippolyte a donnée du fr. 115 et celle qu'en a donnée Plutarque dans le traité *De l'exil*. En effet, Hippolyte n'a pas repris le vers 3 du fragment cité par Plutarque; Plutarque, en revanche, n'a pas cité les vers 2 et 4 retenus par Hippolyte. Mais pourquoi supposer que la citation que Plutarque a donnée de ce fragment dans *L'exil* correspond en tous points à celle qu'il en aurait donnée dans son ouvrage sur Empédocle? Dans son traité *De l'exil*, Plutarque n'a retenu que cinq vers sur treize (à en juger par l'édition de Diels: vv. 1, 3, 5, 6 et 13); on conçoit bien que, dans une oeuvre littéraire, l'auteur ait voulu abréger la citation d'une quinzaine de vers, en ne retenant que les éléments essentiels à son propos. Quant à Hippolyte, il n'a pas cité ces vers de façon continue; il les sépare par des gloses et des commentaires; ce faisant, il passe des vers 13-14 (dans l'édition de Diels) au vers 4, et ne reprend les deux premiers vers du fragment qu'après avoir commenté les vers 5 à 12 (*Ref.* VII 29.14-23). Comment déduire de cette compilation que le vers 3 manquait aux documents dont Hippolyte disposait en écrivant cette page de son mémoire?

Plus d'un indice sert en effet à renforcer l'hypothèse de Diels. Revenons, par exemple, au texte où Plutarque parle de l'enfantement comme d'«organes arrachés» du sein de la mère (*De soll. anim.* chap. 7, 964D-E). Dans ce passage, Plutarque fait allusion aussi à «la jonction de l'immortel et du mortel». Hershbell reprend ici (sans nommer son auteur) l'hypothèse de M. Bollack (*Empédocle* I 157 n.8; *cf. Phronesis* 18 [1973] 106-107): cette notion rejoindrait celle du fr. 35.14-15. Mais dans ce fragment Empédocle parle de choses qui se transforment d'immortelles en mortelles; chez Plutarque, au contraire, il s'agit de l'union de l'immortel et du mortel. Ce thème rappelle celui du traité *De l'exil*: Plutarque parle de l'union du corps «lié à la terre et mortel» et de l'âme, qui «vient ici d'un ailleurs» et qui est étrangère à ce monde (chap. 17, 607D-E). Dans ce contexte, Plutarque cite des vers du fr. 115; peut-on supposer qu'en exposant la même idée dans le traité *De l'intelligence des animaux*, il ait songé aux mêmes vers? S'il en est ainsi, la liaison du fr. 115 avec la notion de procréation serait commune à Plutarque et à Hippolyte.

Si Plutarque est à l'origine des informations sur Empédocle données par Hippolyte, s'ensuit-il qu'il est à l'origine également de l'interprétation platonicienne d'Empédocle, ébauchée dans ce texte? Relevons quelques indices qui peuvent aller en ce sens. Selon l'interprétation platonicienne d'Empédocle, la doctrine du poème cosmique est intégrée à celle du poème religieux, et plus précisément à la doctrine exposée dans le fr. 115. Rappelons que pour Plutarque ce fragment se trouvait «au commencement de la philosophie» d'Empédocle (*De exil.* chap. 17, 607C). Se pourrait-il que cette position du fragment traduisît pour Plutarque, non seulement une convenance littéraire, mais aussi et surtout une portée idéologique?

L'essai *De la tranquillité de l'esprit* comprend une liste d'êtres divins correspondant à des propriétés opposées (Querelle et Harmonie, Vitesse et Lenteur, etc. fr. 122; chap. 15, 474B-C). Diels et Zuntz voyaient dans ces vers une description de l'arrivée dans ce monde du *daimon* exilé; ils les replaçaient par conséquent dans le poème religieux. (Cette hypothèse exclut la correction Φυσικοῖς apportée par Osann à un texte de Cornutus, *Epidrome* chap. 17, qui cite un fragment provenant du même contexte.) Or, en citant ailleurs quelques noms de cette liste, Plutarque fait mention de l'Amour (φιλία, φιλότης) et de la Haine, et qualifie cette dernière de «Haine destructive» (οὐλόμενον, *De Iside et Osiride*, chap. 48, 370D-E). Ce qualificatif se retrouve dans des vers qui, selon Simplicius, faisaient partie du poème cosmique (fr. 17.19; Simpl. *Phys.* 157.27, 161.14-15). S'ensuit-il que Plutarque ait intégré au poème religieux un trait provenant du poème cosmique? Voilà justement la démarche d'Hippolyte, lorsqu'il fait appel à l'alternance de l'un et du multiple, relatée dans le poème cosmique, pour illustrer la «nécessité», mentionnée dans le fr. 115.

Signalons, enfin, le traitement que réserve Plutarque à Platon. En élucidant la nature de l'âme, il cherche à comparer les cercles du «même» et de «l'autre», décrits dans le *Timée*, aux périodes cosmiques alterneés, rapportées dans la *Politique* (*De anim. procr. in Tim.*, chap. 28, 1026E-1027A; *cf.* J. Dillon, *The Middle Platonists* [Londres, 1977] 205-206). C'est justement cette interprétation que l'on retrouve dans l'exégèse platonisante d'Empédocle: pour Philopon, par exemple, les cercles du «même» et de «l'autre» chez Platon correspondent à l'alternance de l'un et du multiple chez Empédocle, cette alternance traduisant la descente et la remontée de l'âme raconteés dans le fr. 115 (voir pp.84-85 *supra*). Plutarque a-t-il appliqué cette perspective à Empédocle tout comme à Platon? Est-ce dans cet esprit qu'il a commenté les vers d'Empédocle dans les «dix livres» consacrés à l'oeuvre de l'Agrigentin?

Dans l'état actuel de nos connaissances, cette question doit rester sans réponse; constatons toutefois qu'aucun témoignage n'affaiblit l'hypothèse de Diels sur la possibilité de l'utilisation par Hippolyte de l'ouvrage de Plutarque, dans les longs chapitres de la *Réfutation* destinés au rapprochement d'Empédocle et de Marcion.

(iii)

Relevons deux questions plus complexes, relatives au témoignage de Plutarque dans son traité *De l'exil*, en laissant de côté maintenant la question du rapport qu'il a pu y avoir entre Plutarque et Hippolyte.

Il nous est conservé la première partie seulement d'un traité de Plutarque, *S'il faut manger de la chair*. En évoquant, à la fin de ce fragment, un «principe mystérieux et incroyable» qui pourrait confirmer l'interdiction d'aliment carné, l'auteur s'exprime en ces termes, I 7, 996B-C: οὐ χεῖρον δ' ἴσως καὶ προανακρούσασθαι καὶ προαναφωνῆσαι τὰ τοῦ Ἐμπεδοκλέους. Les vers qui ont dû suivre ne se trouvent plus dans les manuscrits; mais une allusion, quelques lignes plus loin, aux âmes liées aux corps mortels et qui doivent subir les conséquences du «meurtre», rejoint le contexte de la citation du fr. 115 faite dans le traité *De l'exil* (chap. 17, 607D-E). Soulignons que le terme de «meurtre» revient ici et là, dans les vers cités du fr. 115 (φόνῳ, v.3) comme dans l'exposé du «principe mystérieux et incroyable» (φόνων, 996B). On ne peut pas ignorer la possibilité que les vers cités dans *L'exil* soient ceux-là mêmes qui font défaut dans les manuscrits existants du traité *S'il faut manger de la chair*. Rappelons d'ailleurs que les vers du fr. 115 sont, pour Plutarque, un «prélude» à la philosophie d'Empédocle; si Plutarque a repris les mêmes vers dans le traité *S'il faut manger de la chair*, il s'ensuit qu'il a repris le «prélude» d'Empédocle comme «prélude» à la doctrine exposée dans ce traité (*cf.* προαναφωνήσας, *De exil.*; προαναφωνῆσαι, *De esu carnium*).

La mise en parallèle de ces deux «préludes» anéantit l'une des assertions chères à M. van der Ben. A plusieurs reprises (pp. 16, 18-20, 43), notre auteur affirme que les expressions visées par ce terme (προαναφωνεῖν) ne peuvent être que les tout premiers mots d'une oeuvre. Chez Plutarque, au contraire, le terme de «prélude» ne vient qu'au septième chapitre du traité *De la chair*. Notons d'ailleurs qu'avant d'aborder ce «prélude», Plutarque parle d'un discours antérieur prononcé en public (*cf.* κοινότερον ἔλεγον), et se demande si son nouvel exposé conviendra à des auditeurs «d'esprit alambiqué» et «aux pensers mortels» (ἀνδράσι δεινοῖς ... θνητὰ φρονοῦσιν, I 7, 996B). Voilà en principe le contexte que nous avons proposé du «prélude» d'Empédocle: le fr. 115 est précédé, en effet, de propos relatifs à l'auditoire (fr. 112, «les amis d'Acragas») et de réflexions sur la difficulté de «l'élan vers la foi» (fr. 114; *cf.* pp. 25-28 *supra*).

Aux vers cités du fr. 115, dans le traité *De l'exil*, se rattache un discours sur la nature et l'origine de l'âme, mis dans la bouche même d'Empédocle (chap. 17, 607D). La doctrine en est anachronique (cf. *ECC* 330-331); constatons toutefois que ce discours s'adresse aux «hommes»; rappelons que le poème religieux s'adresse aux «amis» (fr. 112), le poème cosmique à Pausanias et à la Muse (frr. 1 et 3). W. Hollenberg a bien fait de noter que la forme plurielle du vocatif dans le texte de Plutarque ne pourrait donc convenir qu'au poème religieux – un indice supplémentaire que l'on doit replacer dans ce poème les vers qui précèdent (fr. 115; cf. *Empedoclea* [Berlin, 1853] 11 n. 1).

Une autre interprétation du «discours» est proposée par I. M. Lonie (*Mnemosyne* ser. IV vol. 18 [1965] 126-143, notamment 134-138): Plutarque s'inspirerait d'un dialogue, qui ne nous est pas conservé, d'Héraclide du Pont. Dans ce dialogue, Empédocle aurait sauvé une femme qui ne pouvait respirer (frr. 76-89 éd.

Wehrli); le vocatif, «hommes», ferait partie du discours qui expliquait la guérison; la forme plurielle n'aurait donc rien à voir avec le poème originel d'Empédocle.

Cette reconstitution du dialogue d'Héraclide est le fruit d'une erreur. Diogène a rapporté deux versions de cette histoire (VIII 60-62 = fr. 77 éd. Wehrli; VIII 67-69 = frr. 83 et 85 éd. Wehrli); la seconde anéantit la version que Lonie a donnée du dialogue. Diogène y précise que, selon Héraclide, le discours d'Empédocle s'adressait à Pausanias, VIII 60 = fr. 77 éd. Wehrli 'Ἡρακλείδης τε ἐν τῷ Περὶ νόσων φησὶ καὶ Παυσανίᾳ ὑφηγήσασθαι αὐτὸν τὰ περὶ τὴν ἄπνουν. La forme plurielle du vocatif chez Plutarque ne peut donc s'inspirer du dialogue d'Héraclide.

M. van der Ben prend à son compte la reconstitution de Lonie: l'Empédocle d'Héraclide «après avoir démontré au chevet de la femme ἄπνους comment le corps peut rester en vie alors que l'âme en est absente pour une période temporaire, se tourne vers son auditoire émerveillé en leur disant: 'Voyez, ô mortels ...'». Malgré l'absence de guillemets, cette phrase est une transcription littérale d'une note de Lonie (Van der Ben, pp.42-43 = Lonie p.136 n.1), à ce détail près que le discours d'Empédocle aurait été prononcé «au chevet» de la malade. Ce détail provient du commentaire de Wehrli (fr. 77), où il n'est d'ailleurs qu'un ajout tout fictif au texte de Diogène. Mais constatons que, malgré cette imprécision, Wehrli fait bien remarquer, dans sa note, que le discours d'Empédocle s'adressait à Pausanias: «*Empedokles berichtet dem Pausanias über die Ereignisse am Lager der Scheintoten*».

On voit donc une confusion totale dans ces deux pages de M. van der Ben (pp.42-43). Notre auteur en est venu à réunir les deux passages de Diogène, en s'appuyant sur le commentaire de Wehrli pour le premier, et sur la note de Lonie pour le second. Ce faisant, il extrait du commentaire de Wehrli le détail fictif du discours prononcé «au chevet», et néglige le détail qui se fonde, lui, sur le texte de Diogène, et qui anéantit la thèse de Lonie. Selon Diogène, le discours d'Empédocle s'adressait à Pausanias. Il ne pouvait donc s'adapter à la forme plurielle du vocatif chez Plutarque – à moins que nous ne multiplions inutilement les hypothèses, en supposant qu'Empédocle répète à Pausanias ce qu'il disait aux «hommes», ou qu'il répète aux «hommes» ce qu'il disait à Pausanias.

Dans ce type d'erreur, on voit tout l'à peu près de la méthode de M. van der Ben – et l'origine des erreurs dont fourmille plus d'une histoire de la pensée d'Empédocle.

2. PRÉCISIONS RELATIVES À L'INTERPRÉTATION NÉOPLATONICIENNE D'EMPÉDOCLE

(i)

Au deuxième livre de la *Métaphysique*, Aristote souligne dans la pensée d'Empédocle une cohérence et une incohérence. Empédocle serait cohérent, en estimant que toutes choses périssent, sauf les éléments. Par contre, son analyse des fonctions de l'Amour et de la Haine est incohérente: l'Amour qui est censé produire, détruit; la Haine qui est censée détruire, produit (B 4, 1000a26 sqq.; *cf.* pp.55-65 *supra*).

Syrianus tient pour erronés à la fois le compliment et le reproche. Le monde intelligible étant impérissable, «nous n'admettons pas qu'Empédocle considère que toutes choses périssent; il ne manque pas de logique à ce point» (*Met.* 43.6-9; *cf.* pp.80-82 *supra*). Les fonctions de l'Amour et de la Haine ne sont pas non plus incohérentes: l'Amour, principe d'unité, intervient dans la composition des deux mondes, intelligible et sensible; la Haine, principe de pluralité et d'altérité, fait apparaître le monde perçu par les sens, bien qu'elle soit présente également dans le monde intelligible (*Met.* 43.9 sqq., *cf.* 187.19-27; voir pp.82-84 *supra*).

Syrianus tient aussi à suppléer la cause de l'«apparence» du pouvoir alterné de ces deux principes, en faisant appel à deux notions d'unité (*Met.* 43.10 sqq.; *cf.* pp.81-84 *supra*). Au delà de l'unité qui s'oppose à la pluralité, et dont l'Amour serait le symbole, se trouve «l'unité incommensurable», supérieure à toutes choses intelligibles et sensibles (*cf.* τὸ ἕν ... τὸ πᾶσιν ἀσύντακτον, *Met.* 11.28-35; sur ce point dans la doctrine de Syrianus, voir K. Praechter, P.-W., *RE* IV A [1932] 1728-1775, notamment 1755-1759). Cette unité, pour Empédocle tout comme pour Orphée, serait le «temps» (*Met.* 43.20-24; *cf.* Damascius, *De princ.* 123 = I 316.18-317.14 éd. Ruelle = DK 1B12).

Mais cette équivalence n'a pas été sans inquiéter l'esprit du commentateur. La notion de «temps», comment peut-on l'harmoniser avec la transcendance absolue de l'Un? La notion d'alternance ou d'«échange» (*cf.* ἀμοιβαῖος, fr. 30.3) rend plus aiguë cette difficulté, si bien qu'à la page suivante de son commentaire

Syrianus se retranche derrière une seconde interprétation: le «temps» serait non pas l'Un lui-même, mais plutôt un principe postérieur à l'Un – l'esprit ou le démiurge, engendré par l'Un, et comme «l'être» par rapport à «l'unité» (*Met.* 44.5-9, *cf.* 11.7 sqq., 48.6 sqq., 185.22-27). Ce principe est toujours supérieur aux mondes intelligible et sensible; tout comme le fait le temps dans notre texte, il transmet à ce qui naît de lui «tout ce qui est bien, tout ce qui est beau» (*cf.* 106.22 sqq.), si bien que son activité, à un niveau inférieur, est analogue à celle de l'Un (*cf.* 168.2-6).

Le rôle de ce principe est élaboré par Proclus: «roi des deux mondes, le céleste et le supracéleste» (*in Tim.* 94F sqq. = I 310.4 sqq. éd. Diehl); «créateur des formes» (315B = III 248.2 éd. D.; dans les deux textes, les idées de «notre guide» sont celles de Syrianus). L'évocation de ce principe dans l'exégèse d'Empédocle permet à Syrianus d'introduire une cause supérieure à l'Amour et à la Haine (les mondes intelligible et sensible), sans pour autant atténuer la transcendance absolue de l'Un.

D'autres nuances sont visibles dans les textes cités. Le «temps» donne aux principes inférieurs «la perfection qui est propre à chacun et qui convient à tous les deux» (*Met.* 44.3-5): cette formule fait savoir que toute absence de perfection résulte de la spécificité de tout ce qui n'est pas l'Un – et ne tient pas à un défaut quelconque dans l'activité du premier principe. La «bienfaisance» dispensée par le démiurge «ne reste nullement en deçà de toute chose existante, du moins pas de l'un ni de l'autre principe occupant une place juste au-dessous de lui» (44.6-7; *cf.* pp.83-84 *supra*): la restriction (μήτοι γε, *cf.* Denniston, *Greek particles* 546-547) et la précision («toute chose existante») sont ici essentielles. Syrianus s'abstient d'affirmer que la «bienfaisance» du démiurge puisse parvenir jusqu'à la matière, qui est pour lui, comme pour Plotin, un «non-étant» (*Met.* 171.23 sqq.; cf. *Enn.* IV 8 [6] 6; Praechter met en valeur la différence de doctrine, P.-W., *RE* IV A [1932] 1754-1755).

Asclépius aussi est troublé par l'identité de l'Un et du «temps», qu'il propose d'ailleurs au début de son exposé (*Met.* 198.25 sqq.). En reprenant la notion de temps à la page suivante de son commentaire (199.1 sqq.), il ne parle que de la «perfection» et de l'«illumination» qui provient du temps. Ce n'est pas, selon lui, le «temps» lui-même qui est «en échange», mais bien plutôt la perfection reçue par la dyade et transmise aux composantes du monde sensible. Il affirme, nous l'avons noté (pp. 85-86 *supra*), que le terme «en échange» (ἀμοιβαῖος) correspond «à l'expression quotidienne, 'je tiens à payer de retour quelqu'un', c'est-à-dire à faire du bien à quelqu'un qui m'a fait du bien» (*Met.* 199.2-3); mais cette correspondance n'est guère exacte. Le principe suprême n'ayant pas besoin de quelque «retour», le bienfait que la dyade reçoit de l'Un ne revient pas vers l'Un; il est transmis aux composantes du monde sensible – comme si le sens usuel de l'expression eût été «Je tiens à faire du bien à quelqu'un d'autre, et non pas à celui qui m'a fait du bien».

Asclépius en vient à escamoter cette difficulté par l'emploi du terme παραπέμψαι (199.5: la dyade «envoie» aux composantes de ce monde). Le terme «envoyer» (πέμπειν avec différents préfixes) est quasiment un terme technique pour rappeler l'activité du démiurge dans le *Timée* (voir, par exemple, Plotin, *Enn.* IV 8 [6] 1.47, 5.13, IV 3 [27] 12.32, 13.24). Cette activité, pour Syrianus comme pour tous ses successeurs, était sans fin ni commencement dans le temps. Comme Plotin l'avait souligné, la génération par l'âme de la matière et du cosmos ne sont pas des événements temporels (par exemple, *Enn.* IV 3 [27] 9.9-20). Certes, on parle d'«avant» et d'«après»; mais ce ne sont que des expédients exégétiques, et qu'on aurait tort de prendre au pied de la lettre (*cf.* Syrianus, *Met.* 133.22-26, à propos de Platon et des «théologiens»). Il ne serait pas venu à l'esprit d'un commentateur néoplatonicien de s'en tenir à une interprétation littérale du poème d'Empédocle – une fois l'Agrigentin inséré dans ce contexte. On s'était déjà habitué à parler d'une succession, tout en croyant à une simultanéité; on reprenait, pour Empédocle, l'exégèse dont on avait déjà fait bénéficier Platon; on prêtait à ses vers le sens figuré qu'avaient plusieurs termes de la philosophie de l'époque. (Voir sur ce thème G. L. Kustas, *Studies in Byzantine rhetoric* [Thessalonique, 1973], notamment chapitres III et IV.)

On parle de «l'alternance, sinon (de) la coïncidence»; «quand même on le dépeint comme antérieur» (à propos de l'*apeiron*), «c'est en quelque sorte pour mieux nous faire comprendre la dualité fondamentale». C'est bien là l'estampille néoplatonicienne. Il est regrettable seulement de la retrouver chez certains chercheurs de notre temps; les formules citées sont en effet celles de M. Bollack (*Empédocle* I 89 et 112; cf. *ECC* 163).

(ii)

Venons-en à deux questions plus précises. Philopon, nous l'avons noté, parle des vers de la fin du fr. 115 comme de ceux dont «on trouve des échos partout» (πολυθρύλητον, *Phys.* 24.18-19, *cf.* pp.84-85 *supra*). En faisant appel au même fragment, pour élucider l'«alternance» de l'un et du multiple, Asclépius parle de «ce qu'on a déjà souvent dit» (ὃ πολλάκις εἴρηται, *Met.* 197.17, *cf.* pp.85-86 *supra*). Le terme πολυθρύλητος est employé deux fois par Asclépius pour désigner la doctrine des quatre éléments (*Met.* 25.21-22 et 307.10-11). Aristote fait allusion à cette doctrine comme exemple de ce qu'on peut mentionner, lors d'un débat, sans argument, sous les seuls auspices d'une autorité connue de tout le monde (*Top.* I 14, 105b16-18; pour l'invention de la doctrine des quatre éléments, voir *Met.* A 3, 983b6-984a18; *De gen. et corr.* II 1, 328b31-329a5, II 3, 330b7-20; *Phys.* II 1, 193a21-23; *cf.* notre analyse de ces textes, *JHS* 88 [1968] 102-105). On peut en déduire que le fr. 115.13-14 jouissait, à l'époque d'Asclépius, de la même notoriété qu'à l'époque d'Aristote la doctrine des quatre éléments.

Il est essentiel que nous tenions compte de cette notoriété en interrogeant les textes de l'Antiquité où est cité ce fragment. Elle nous permet, par exemple, d'approfondir le rapprochement des notions de «misère» et d'«exil» lors d'une citation d'Empédocle rapportée par Proclus. Dans son commentaire du *Timée*, ce dernier cite un vers d'Empédocle qui selon Sextus précédait l'invocation à la Muse, et que nous avons replacé au début du poème cosmique: «nombreuses sont les misères (δείλα) qui émoussent ... notre perception de la réalité» (*cf.* fr. 2.2, *in Tim.* 175C = II 116.24-25 éd. D.; Sextus, VII 122-125, pp.24-28 *supra*; nous citons à la fois les termes d'Empédocle et la paraphrase qu'en a donnée Proclus). En reprenant le terme de «misère», et en l'appliquant à ceux qui sont rendus misérables, Proclus fait allusion ensuite à la notion d'exil: «nous sommes en effet bien misérables, exilés de la compagnie des dieux» (... τοῖς ὄντως ἡμῖν δειλοῖς, ὡς φυγάσι θεόθεν γενομένοις). Cette expression fait penser indubitablement au fr. 115.13 (φυγὰς θεόθεν): preuve patente, pour M. van der Ben (pp.34 et 157), que ce fragment, tout comme les vers cités par Sextus, venaient d'un seul et même contexte, le début du poème cosmique.

Mais cette conclusion ne s'impose pas, dès que l'on rappelle la grande diffusion dont bénéficiait le distique final du fr. 115 vers la fin de l'Antiquité classique. En commentant le *Parménide*, Proclus fait allusion à l'«exil» d'Empédocle comme indice à la fois d'une confusion mentale et d'un avilissement moral (723.22-714.13 éd. Cousin). On conçoit dès lors sans difficulté que, dans le commentaire du *Timée*, l'allusion à la «misère» chez Empédocle ait rappelé à la mémoire le souvenir de la cause de cette misère: «l'exil». Ainsi s'expliquerait la formule qui chez Proclus combine les deux idées, «nous misérables, exilés des dieux» (δειλοῖς ... φυγάσι θεόθεν).

Bref, rien n'oblige à supposer qu'en écrivant cette formule Proclus ait eu présente à l'esprit une édition du poème où se trouvaient juxtaposés le fr. 2.2 et le fr. 115.13.

(iii)

Peut-on retrouver chez Syrianus des traces du fragment «dont on entend des échos partout»?

Reprenons le commentaire de Syrianus au deuxième livre de la *Métaphysique*. Aristote parle d'Hésiode et d'autres «théologiens», chez qui les dieux deviennent mortels parce qu'ils n'ont pas goûté au nectar et à l'ambroisie (*Met.* B 4 1000a9 sqq.). Cet exposé est interprété par Syrianus comme s'appliquant au mouvement des âmes entre les mondes sensible et intelligible (*Met.* 41.27 sqq.). Or c'est précisément cette interprétation qu'Asclépius et Philopon ont évoquée en commentant les doctrines d'Empédocle, dans le passage qui suit de près (1000a19 sqq.). Certes, Aristote a contrasté dans ce texte les «sophismes mythologiques» des *theologoi* et la démarche plus scientifique d'Empédocle (1000a18-22; *cf.* pp.55-56 *supra*). Mais pour Syrianus ce contraste est sans valeur: il s'estime «incapable de concevoir» une interprétation «plus vraie» que celle des «théologiens» – une fois qu'elle a endossé les vêtements d'un néoplatonisme orthodoxe (cf. *Met.* 42.10 sqq.). Toute obscurité serait pour lui le résultat, soit du divin *afflatus*, soit d'une intention délibérée des «théologiens» de dissimuler à la multitude impie la véritable signification de leur doctrine (*cf.* 42.12-16). Dans cette perspective, on conçoit bien que l'interprétation que donnait Syrianus d'Hésiode et des «théologiens» ait pu aussi bien s'appliquer à la doctrine de l'Agrigentin.

Examinons donc l'emploi que fait Syrianus du poème d'Hésiode. La *Théogonie* fait mention de nectar et d'ambroisie et d'un serment (vv.775 sqq.). Aristote ne fait allusion qu'au nectar et à l'ambroisie (*Met.* B 4, 1000a9 sqq.). Certes, il avait parlé du serment, plus avant dans la *Métaphysique*, lors d'une allusion à Homère (*Met.* A 3, 983b30-33; Homère, *Il.* 2.755, 14.271, 15.37-38), mais Aristote ne reprend pas ce détail dans le passage ultérieur. En revanche, pour Syrianus, lorsqu'il commente le passage ultérieur, la différence entre les dieux mortels et immortels d'Hésiode serait non seulement le fait d'avoir goûté ou non au nectar et à l'ambroisie, mais aussi et surtout une différence entre les dieux qui sont «fidèles à leurs serments» et ceux qui sont «parjures» (εὐορκοῦντα, ἐπιορκοῦντα, *Met.* 42.4-10). Serait-ce par pur hasard que Syrianus reprend dans ce passage le détail qui rappelle le récit d'Empédocle sur la remontée et la descente de l'âme? S'agit-il dans son esprit, non seulement des dieux qui sont «parjures» chez Hésiode (ἐπιορκοῦντα), mais aussi du *daimon* d'Empédocle, lui aussi «parjure» (ἐπίορκον, fr. 115.4)?

Cette question – sans réponse définitive – en appelle une autre: quels sont les vers qui constituaient pour Syrianus «l'ouverture de la théologie tout entière d'Empédocle», et qui pourraient faire penser que la Sphère était détruite (*Met.* 187.19-27; *cf.* pp.80-81 *supra*)? La destruction de la Sphère fait songer à l'alternance de l'un et du multiple exposée dans le fr. 17. Rappelons que, selon Simplicius, ces vers se trouvaient «au tout début» du poème cosmique (*Phys.* 161.14-15; *cf.* pp.22-23 *supra*).

Cette hypothèse peut paraître paradoxale: le fr. 115 que nous avons replacé dans le poème religieux «préludait», pour Plutarque, «à la philosophie» d'Empédocle (*De exil.* 17, 607C; *cf.* pp.14 sqq. *supra*). En revanche, le fr. 17 qui, selon Simplicius, se trouvait dans le poème cosmique, était pour Syrianus (selon cette hypothèse) l'ouverture de la théologie d'Empédocle. Comment expliquer ce rapprochement de religion et de philosophie, de théories cosmiques et de théologie? Syrianus a classé Empédocle parmi les disciples d'Orphée (par exemple, *Met.* 43.11-12), qui sont pour lui des «théologiens» (*theologoi*, par exemple, *Met.* 182.9 sqq.). Il s'ensuit que la doctrine d'Empédocle est, pour Syrianus, une «théologie». Mais s'ensuit-il qu'en utilisant ce terme Syrianus ait voulu distinguer entre la doctrine du poème religieux et celle du poème cosmique?

En parlant de la «théologie» d'Empédocle, Syrianus renvoie au «reproche» fait «ailleurs» à Empédocle d'avoir pensé que «la Sphère était détruite par la Haine» (cf. *Met.* 187.19-20). Ce renvoi paraît viser la discussion de choses périssables et impérissables au second livre du traité (B 4, 1000a26 sqq.). Certes, dans ce texte Aristote ne «reproche» pas à Empédocle d'avoir pensé que toutes choses sont périssables, sauf les éléments. Cette thèse, pour Aristote, est au contraire un exemple frappant de cohérence dans la pensée d'Empédocle, si bien qu'Aristote oppose la cohérence de cette thèse à l'incohérence dont est frappée, selon lui, l'analyse des fonctions de l'Amour et de la Haine. Mais la thèse qui pour Aristote est cohérente est pour Syrianus un nouvel exemple d'incohérence: «nous n'admettons pas que pour Empédocle toutes choses périssent; il ne manque pas de logique à ce point» (*Met.* 43.6-9; *cf.* pp.62-65 et 80-84 *supra*). Ainsi s'explique-t-il qu'en faisant allusion à ce texte Syrianus parle d'un «reproche».

La mise en parallèle de ces deux textes du commentaire de la *Métaphysique* (42.35 sqq.; 187.19 sqq.) nous permet d'approfondir l'interprétation globale que Syrianus a pu fournir de la pensée d'Empédocle. Dans le premier texte (42.35 sqq.), Syrianus semble avoir pensé au fr. 115; en renvoyant à ce texte dans le passage ultérieur (187.19 sqq.), Syrianus semble faire allusion au fr. 17. Il se peut que l'union de ces deux fragments ait constitué l'essentiel de l'interprétation néoplatonicienne d'Empédocle adoptée par Syrianus: les errances du *daimon*, représentant les mouvements de l'âme, relatés au début du poème religieux (fr. 115), lui auraient permis d'anéantir l'aspect temporel de l'alternance de l'un et du multiple, des mondes intelligible et sensible, telle qu'elle est exposée au début du poème *Sur la nature* (fr. 17). Il se peut, en effet, que ces deux fragments, tirés l'un et l'autre du «début» d'un poème, aient été réunis dans un recueil de citations, si bien que les deux fragments auraient constitué, pour Syrianus, tout comme pour ses successeurs et pour ses contemporains, «l'ouverture de la théologie tout entière d'Empédocle».

TABLES

FR. 115: INDEX FONTIUM

Testes secundum ordinem temporum citantur, paulo amplius quam apud Diels, *Poetarum philosophorum fragmenta* (Berolini, 1901) 150-153.

1   GORGIAS (saec. V a.C.: Empedoclis discipulus esse dicitur)

   v.1 in usum proprium detorsit, *Helenes encomium* cap. 6 = DK II 289.21-22.

2   PLATO

   Phaedrus 248C sqq.: v. p.78 n.1 supra.

3   GRAMMATICUS QUIDAM IGNOTUS (saec. III/II a.C.)

   v.6 citat, συστολῆς ut praebeat exemplum (μυρίας ὥρας → μυρίας ὡράς), Pap. Ibscher 2, *Griechische Papyri der Hamburger Staats- und Universitäts-Bibliothek = Veröffentlichungen aus der Hamburger Staats- und Universitäts-Bibliothek* Band IV (1954) 128-129. Cf. M.L. West, *CR* 12 (1962) 120.

4   PLUTARCHUS (c. 46-120 A.D.)

   vv.1, 3, 5, 6, 13 citavit, *De exilio* 17, 607C-E ed. W. Sieveking, *BT* III (1929); edd. P.H. de Lacy et B. Einarson, *LCL* VII (1959).

   vv.9-12 citavit, *De Is. et Os.* 26, 361C ed. W. Sieveking, *BT* II (1935).

   vv.9-12 citavit, *De vit. aer. al.* 7, 830E-831A edd. C. Hubert et M. Pohlenz, *BT* V 1 (1960).

   daemonum poenas respexit, *De def. orac.* 16, 418E, cf. 20, 420D, ed. W. Sieveking, *BT* III (1929).

   necessitatem, poenas respexit, *De soll. anim.* 7, 964D-E edd. C. Hubert et H. Drexler, *BT* VI 1 (1959).

   v.3 fortasse respexit, *De esu carnium* I 7, 996B edd. C. Hubert et H. Drexler, *BT* VI 1 (1959).

5   MARCION (ecclesiam suam fundavit 144 A.D.)

   philosophiam Empedoclis et praecipue doctrinam fr. 115 furtim promulgabat secundum HIPPOLYTUM.

6 CELSUS

vv.6, 7 in opere suo contra Christianos (177/180 A.D. scr.) citavit: argumentum et fragmenta ex ORIGENE restituit R. Bader, *Tübinger Beiträge zur Altertumswissenschaft* 33 (Stuttgart/Berlin, 1940), cf. pp.206-207 (*Contra Celsum* VIII 53 = II 268.13-14 ed. Koetschau).

7 HIPPOLYTUS

vv.13/ 4, 5/ 6/ 7, 8/ 9-12/ 1, 2 in hoc ordine citavit, commentario instruxit, *Ref. omn. haer.* (post 224 A.D. scr.) VII 29.14-25 = 212.17-214.31 ed. P. Wendland, *GCS* 26 (1916): totum contextum fortasse deprompsit e libris Plutarcheis ad Empedoclem spectantibus quorum mentionem facit *Ref.* V 20.6 = 122.5-6 W.

8 ORIGENES

vv.6, 7 e CELSO ad verbum exscripsit, *Contra Celsum* (246-248 A.D. scr.) VIII 53 = II 268.13-14 ed. P. Koetschau, *GCS* 2-3; cf. M. Borret, *Sources chrétiennes* 132, 136, 147, 150 (1967-1969).

9 PLOTINUS (204/205-270 A.D.)

vv.13, 14 ex parte citavit, *Enn.* IV 8 [6] 1.17-23, 5.5-6 edd. P. Henry et H.-R. Schwyzer (Paris/Bruxelles/Leiden, 1951-1973).

10 IAMBLICHUS (c. 250-325 A.D.)

fugam animae a deo respexit in libris ad animae naturam spectantibus quos excerpsit STOBAEUS *Ecl.* I 49.37 = I 375.6-7 Wachsmuth; cf. A.M.J. Festugière, 'Jamblique, Traité de l'âme, traduction et commentaire' = Appendice I de *La révélation d'Hermès trismégiste* vol. III *Les doctrines de l'âme* (Paris, 1953) 177-264.

11 PORPHYRIUS (232/233-300+ A.D.)

vv.1, 2 citavit in libro suo περὶ τοῦ ἐφ' ἡμῖν quem excerpsit STOBAEUS *Ecl.* II 8.42 = II 169.6-7 Wachsmuth.

12 EUSEBIUS

PLUTARCHUM (no.4) *De Is. et Os.* excerpsit, *Praep. evang.* (c. 312-322 scr.) V 5.2 = 230.16-19 ed. K. Mras, *GCS* 43 i (1954).

FR. 115: INDEX FONTIUM

13 SYNESIUS (370-412 A.D.)

v.13 imitavit, *Hymnus* I (olim III) 719 = I 26 ed. N. Terzaghi (Romae, 1939-1944).

in libro *De somniis,* cap. 8 = II 158.10-161-8 ed. T., fr. 115 spectat secundum Terzaghi, sed nomen Empedoclis ibi non citatur nec verba e fragmento hausta esse videntur.

14 STOBAEUS (saec. V A.D.)

IAMBLICHUM (no.10) excerpsit, *Ecl.* I 49.37 = I 375.6-7, PORPHYRIUM (no.11) excerpsit, *Ecl.* II 8.42 = II 169.6-7, edd. K. Wachsmuth et O. Hense (Berolini, 1884-1912).

15 CALCIDIUS

v.5 fortasse respexit, *in Tim.* (paulo post 400 A.D. scr.) cap. 136 = 177.1-2 (cf. 176.15-177.12) ed. J.H. Waszink, *Plato latinus* IV (1962).

16 HIEROCLES (412- A.D.)

vv.13, 14 citavit, *in Aureum Pythagoreorum carmen commentarius* XXIV 2 = 98.9 sqq. (cf. XXIV 3 = 98.20 sqq.) ed. F.W. Koehler, *BT* (1974).

17 PROCLUS (c. 410-485 A.D.)

animarum fugam respexit, *in Parm.* 723.22-724.13 (cf. 721.25-724.13) [iterum] ed. V. Cousin (Paris, 1864).

iterum respexit, *in Tim.* 175C = II 116.24-25 (cf. 175C-D = II 116.24-117.14) ed. E. Diehl, *BT* (1903-1906); cf. A.M.J. Festugière, *Proclus, Commentaire sur le Timée, traduction et notes,* tomes I-V (Paris, 1966-1968).

textus quem citat Van der Ben, p.158, 'Proclus, *in Platonis Alcibiadem* 110d' (= 240.5-253.15 ed. Creuzer/Westerink), nec vocabula praebet nec sententias quae strictim cum fr. 115 congruere videntur.

18 HERMIAS Alexandrinus (c. 450-500 A.D.)

v.13 respexit, *in Plat. Phaedrum* 248B = 160.16 ed. P. Couvreur, *Bibliothèque de l'Ecole des Hautes Etudes, sciences historiques et philologiques* fasc. 133 (Paris, 1901).

19 AENEAS Gazaeus (c. 450-518 A.D.)

textum PLOTINI, *Enn.* IV 8 [6] 1 (no.9), excerpsit, sed versus e fr. 115 ibi citatos neglexit, *Theophrastus, sive de animarum immortalitate et corporum resurrectione dialogus*: 5 § 45 sqq., ed. J.F.Boissonade (Parisiis, 1836); 5.11 sqq., ed. M.E. Colonna (Napoli, 1958) = *PG* LXXXV 880A-881A.

20 SYRIANUS (Athenis diadochus 431/432- A.D.)

contextum praebet in quo citantur versus ab ASCLEPIO, *Met.* 42.35-44.17, cf. 187.19-27, ed. G. Kroll, *CAG* VI 1 (1902).

21 PHILOPONUS (475/480-565+ A.D.)

vv.13, 14 citavit, *De gen. et corr.* 266.4-5 ed. H. Vitelli, *CAG* XIV 2 (1897).

iterum citavit, *De anima* 73.32-33 (cf. 73-21-74.29) ed. M. Hayduck, *CAG* XV (1897).

tertio citavit, *Phys.* 24.20-21 ed. H. Vitelli, *CAG* XVI-XVII (1887-1888).

22 ASCLEPIUS (si auctor est, quod dubium, glossae marginalis in *CAG* VI 2, 408.16 repertae, scribebat etiam post Simplicii mortem, cf. Zeller, *Philosophie der Griechen* III 2, 843 n.1; P.-W., *RE* II [1896] 1697)

vv.13, 14 citavit, *Met.* 197.20-21 ed. M. Hayduck, *CAG* VI 2 (1888).

23 SIMPLICIUS

vv.1, 2 citavit, *Phys.* (post 533 A.D. scr.) 1184.9-10 ed. H. Diels, *CAG* IX-X (1882-1895).

24 HESYCHIUS (saec. VI A.D.)

verba e vv.3, 5 citavit, *Lexicon* s.vv. εὐτέ τις, λελάχασι, ed. K. Latte, litt. A-O (Hauniae, 1953-1966). Cf. s.vv. ἀίδιον (v.2), ὅρκοι (v.2).

25 necessitatis mentionem fecerunt, sed dubium an fr. 115 spectent: CICERO (*De fato* XVII 39), PLUTARCHUS (*De animae procr. in Tim.* cap. 27, 1026B), AETIUS (I 26.1 = DK 31A45, cf. I 7.28 = DK 31A32), SYNESIUS (*De prov.* I 89D = II 65.14 Terzaghi), SIMPLICIUS (*Phys.* 197.9-13, 465.10-13), MICHAEL PSELLUS (*Scripta minora* 259.21-22 edd. E. Kurtz et F. Drexl, *Orbis romanus* V [1936]).

INDEX ALPHABETICUS

AENEAS GAZAEUS 19
AETIUS 25
ASCLEPIUS 22
CALCIDIUS 15
CELSUS 6
CICERO 25
EUSEBIUS 12
GORGIAS 1
GRAMMATICUS QUIDAM IGNOTUS 3
HERMIAS 18
HESYCHIUS 24
HIEROCLES 16
HIPPOLYTUS 7
IAMBLICHUS 10

MARCION 5
MICHAEL PSELLUS 25
ORIGENES 8
PHILOPONUS 21
PLATO 2
PLOTINUS 9
PLUTARCHUS 4, 25
PORPHYRIUS 11
PROCLUS 17
SIMPLICIUS 23, 25
STOBAEUS 14
SYNESIUS 13, 25
SYRIANUS 20

BIBLIOGRAPHIE

Ne sont cités que les auteurs mentionnés dans cette étude, à laquelle renvoient les chiffres mis en alinéa à la fin de chaque article.

ADLER Ada. Suda, *Lexicon* (éd). 5 vols. Lipsiae: in aedibus B.G. Teubneri. 1928-1938.
    8. 9 n.1.

ALDUS. Edition de la *Souda*. Venetiis, in aedibus Aldi et Andreae soceri, mense feb. 1514. (Bibliothèque Nationale, Rés. X.149)
    8.

BADER Robert. *Der Ἀληθὴς λόγος des Kelsos*, dans la collection *Tübinger Beiträge zur Altertumswissenschaft* no. 33. Stuttgart/Berlin: Verlag von W. Kohlhammer. 1940. Pp.xi + 216.
    20 n.1.

BIGNONE Ettore. *Empedocle, studio critico, traduzione e commento delle testimonianze e dei frammenti*. Torino: Bocca. 1916. Pp.xi + 688.
    2. 9-10. 12 n.2.

BIRT Theodor. *Das antike Buchwesen in seinem Verhältniss zur Literatur, mit Beiträgen zur Textgeschichte des Theokrit, Catull, Properz und anderer Autoren*. Berlin: Verlag von Wilhelm Hertz. 1882. Pp.vii + 518.
    6 n.1.

BOLLACK Jean. *Empédocle*. 4 tomes. Tome I *Introduction à l'ancienne physique*. Tome II *Les Origines, édition et traduction des fragments et des témoignages*. Tome III *Les Origines, commentaire 1*. Tome IV *Les Origines, commentaire 2*. Paris: Les éditions de minuit. 1965-1969. Tome I, pp.411. Tome II, pp.xxiv + 304. Tome III, pp.1-305. Tome IV, pp.306-683.
    2. 6 n.1. 12 n.1. 21 n.1. 48-49. 73-75. 95-96. 103.

BURNET John. *Early Greek philosophy* (*EGP* en abrégé). 1ère éd., 1892. 4ème ed., 1930. London: A. and C. Black. Pp.vii + 375.
    11 n.1.

CHALCONDYLAS Demetrius. *Editio princeps* de la *Souda*. Mediolani, 1499. (Hain, *Repertorium bibliographicum* 15135. Bibliothèque Nationale, Rés. X.51.)
    8-9. 12 n.2.

CHANTRAINE Pierre. *Grammaire homérique* [tome I] *Phonétique et morphologie*. 1ère éd., 1942. 'Edition revue et corrigée', 1973. Paris: Klincksieck. Pp.544.
    74 n.3.

CORNFORD Francis Marion, WICKSTEED Philip Henry. *Aristotle, Physics,* dans la collection *Loeb Classical Library.* 2 vols. 1929-1934. Vol. I, pp.xciv + 427. Vol. II, pp.xii + 439.
11 n.1.

CRÖNERT Wilhelm. 'De Lobone Argivo', Χάριτες *Friedrich Leo zum sechzigsten Geburtstag dargebracht.* Berlin: Weidmannsche Buchhandlung. 1911. Pp.123-145.
6 n.1. 12 n.2.

DENNISTON John D. *The Greek particles.* lère éd., 1934. 2ème éd. corrigée, 1959. Oxford: Clarendon Press. Pp.lxxxii + 660.
102.

DIELS H. 'Über die Gedichte des Empedokles', *Sitzungsberichte der Deutschen Akademie der Wissenschaften zu Berlin, Philosophisch-historische Klasse* (1898) 396-415.
8. 9. 10 n.1. 95.

DIELS Hermann. *Poetarum philosophorum fragmenta.* Berolini: apud Weidmannos. 1901. Pp.270.
2. *Cf.* 26-27. 78 n.1. 96.

DIELS Hermann. *Die Fragmente der Vorsokratiker, griechisch und deutsch.* 3 vols. lère éd., 1903. 5ème éd. (plusieurs réimpressions) avec Walther KRANZ (DK en abrégé), 1934-1937. Berlin: Weidmannsche Buchhandlung. Vol. I, pp.xi + 482. Vol. II, pp.419. Vol. III, pp.658.
2 (Diels). 2 n.1 (Kranz). 12 (Diels). 12 (Kranz). 16 n.1 (Diels). *Cf.* 26-27 (Diels). 51 (Diels). *Cf.* 78 n.1 (Diels).

DILLON John. *The Middle Platonists, a study of Platonism 80 B.C. to A.D. 220.* London: Duckworth. 1977. Pp.xvi + 427.
97.

DOVER K.J. 'The chronology of Antiphon's speeches', *Classical Quarterly* 44 (1950) 44-60.
53 n.2.

EBELING Heinrich. *Lexicon homericum.* 2 vols. Lipsiae: in aedibus B.G. Teubneri. 1880-1885. Vol. I, pp.512. Vol. II, pp.1184.
21 n.1.

FESTUGIÈRE [André Marie Jean]. *La révélation d'Hermès trismégiste.* 4 vols. Paris: Librairie Lecoffre. 1944-1954. Vol. I, pp.xii + 423. Vol. II, pp.xvii + 610. Vol. III, pp.xiv + 314. Vol. IV, pp.xi + 315.
17 n.1.

FROBEN Hieronymus. Edition de la *Souda.* Basileae, apud Hieronymum Frobenium et Nicolaum Episcopium, mense augusto, anno 1544. (Bibliothèque Nationale, Rés. X.150)
8.

GALLAVOTTI Carlo. *Empedocle, poema fisico e lustrale.* Milano: Fondazione Lorenzo Valla, Arnoldo Mondadori editore. 1975. Pp.xxv + 357.
2.

GUTHRIE William Keith Chambers. *A history of Greek philosophy.* Vol. II, *The Presocratic tradition from Parmenides to Democritus.* Cambridge: University Press. 1965. Pp.xvii + 554.
51 n.1. 76 n.1.

von HARNACK Adolf. *Marcion: das Evangelium vom fremden Gott, eine Monographie zur Geschichte der Grundlegung der Katholischen Kirche.* 1ère éd., 1921. 2ème éd., dans la collection *Texte und Untersuchungen* Reihe 3 Band 15 (= Band 45), 1924. Leipzig: J.C. Hinrichs'sche Buchhandlung. Pp.xv + 235 + 455*.
16 n.1.

HERSHBELL Jackson P. 'Plutarch as a source for Empedocles re-examined', *American Journal of Philology* 92 (1971) 156-184.
18 n.2. 44 n.1.

HERSHBELL Jackson P. 'Hippolytus' Elenchos as a source for Empedocles re-examined', *Phronesis* 18 (1973) 97-114, 187-203.
44 n.2. 94. 95-97.

HOLLENBERG Wilhelm. *Empedoclea,* dans *Jahresbericht über das Königliche Joachimshalsche Gymnasium.* Berlin: gedruckt in der Druckerei der Königlichen Akademie der Wissenschaften. 1853. Pp.1-31.
98.

HOOGEVEEN Henricus. *Doctrinae particularum linguae graecae auctore et editore H.H.* 2 vols. Lugduni Batavorum: e typographeo Dammeano. 1769. Tomus I, pp.1-785. Tomus II, pp.786-1337 + indices.
41 n.1.

HORNA Konstantin. 'Empedocleum', *Wiener Studien* 48 (1930) 3-11.
9. 77 n.1.

HUNGER Herbert. 'Palimpsest-Fragmente aus Herodians Καθολικὴ προσῳδία, Buch [sic] 5-7, cod. Vindob. Hist. gr. 10', *Jahrbuch der Österreichischen Byzantinischen Gesellschaft* 16 (1967) 1-33.
4 n.3. 5 n.1. 10 n.1. 12.

JONES Henry Stuart. Voir Henry George LIDDELL.

KARSTEN Simon. *Empedoclis Agrigentini carminum reliquiae* etc. Amstelodami: sumtibus J. Müller. 1838. Pp.557.
2. 33. 78 n.1.

KEIM Theodor. *Celsus' Wahres Wort, aelteste Streitschrift antiker Weltanschauung gegen das Christentum vom Jahr 178 n.Chr. widerhergestellt, aus dem Griechischen übersetzt etc.* Zürich: Druck und Verlag von Orell, Füssli & Co. 1873. Pp.xv + 293.
20 n.1.

KERFERD G.B. Compte rendu de notre ouvrage *ECC, Classical Review* n.s. 21 (1971) 176-178.
    60 n.2.

KIRK Geoffrey Stephen. *Heraclitus, the cosmic fragments, edited with an introduction and commentary.* Cambridge: University Press. 1954. Pp.xv + 423.
    39.

KRANZ Walther. Voir Hermann DIELS, *Die Fragmente der Vorsokratiker.*

KRANZ Walther. *Empedokles, antike Gestalt und romantische Neuschöpfung.* Zürich: Artemis Verlag. 1949. Pp.392.
    2.

KROLL Wilhelm. 'Ioannes Philoponus', Pauly-Wissowa, *Real-Encyclopädie der Altertumswissenschaft* IX (1916) 1764-1795.
    85 n.1.

KUSTAS George L. *Studies in Byzantine rhetoric,* dans la collection 'Ἀνάλεκτὰ Βλαταδών no.17. Thessalonique: Πατριαρχικὸν Ἵδρυμα πατερικῶν μελετῶν. 1973. Pp.xv + 215.
    103.

LAMBRIDIS Helle. *Empedocles, a philosophical investigation,* dans la collection *Studies in the humanities* no.15, *philosophy.* Alabama: University Press. 1976. Pp.xvi + 154.
    2 n.1.

LASSERRE François. 'Trois nouvelles citations poétiques', *Museum helveticum* 26 (1969) 80-87.
    4 n.3.

LIDDELL Henry George, SCOTT Robert, JONES Henry Stuart. *A Greek-English Lexicon* (LSJ en abrégé). 1ère éd., 1843. 9ème éd., 1940, "*with a supplement*", 1968. Oxford: Clarendon Press. Pp.xlv + 2042 + (supplement) xi + 153.
    4 n.1. 6 n.1. 21 n.1. 41 n.1. 53. 54. 74 n.2. 74 n.3.

LONG A.D. 'Empedocles' cosmic cycle in the sixties', dans l'ouvrage collectif, *The Pre-Socratics* (éd. Alexander P.D. MOURELATOS), dans la collection *Modern studies in philosophy.* New York: Anchor Books. 1974. Pp.397-425.
    48-49. 60 n.2.

LONIE I.M. 'Medical theory in Heraclides of Pontus', *Mnemosyne* series IV vol. 18 (1965) 126-143.
    98-100.

MILLERD Clara Elisabeth. *On the interpretation of Empedocles.* Chicago: University Press. 1908. Pp.94.
    9 n.1.

MULLACH Friedrich Wilhelm August. *Disputatio de Empedoclis prooemio,* dans une brochure, *Germaniae philologos Berolinum congressos Societatis Gymnasiorum Berolinensium sodales salvere iubent, interprete F.G.A.M.* Berolini: typis A.G. Schadii. 1850. Pp.22.
    2.

MULLACH Friedrich Wilhelm August. *Quaestionum Empedoclearum specimen secundum,* dans *Programme d'invitation à l'examen public du Collège Royal Français, fixé au 30 septembre 1853.* Berlin: imprimé chez J.F. Starks. 1853. Pp.3-32.
    2.

MULLACH Friedrich Wilhelm August. *Fragmenta philosophorum graecorum collegit* etc. 3 vols. Parisiis: Didot. 1860-1881. Vol. I, pp.xxvii + 575. Vol. II, pp.lxxxvi + 438. Vol. III, pp.v + 578.
    2.

NESTLE Wilhelm. Voir Eduard ZELLER.

O'BRIEN D. 'Empedocles' cosmic cycle', *Classical Quarterly* n.s. 17 (1967) 29-40.
    41 n.1.

O'BRIEN D. 'The relation of Anaxagoras and Empedocles', *Journal of Hellenic Studies* 88 (1968) 93-113.
    104.

O'BRIEN Denis. *Empedocles' cosmic cycle, a reconstruction from the fragments and secondary sources,* dans la collection *Cambridge classical studies* (*ECC* en abrégé). Cambridge: University Press. 1969. Pp.x + 459.
    1. 20 n.1. 22. 32 n.1. 33 n.1. 34-35. 36 sqq. 50-52. 54. 55. 66 sqq. 76. 88. 93. 94. 95. 98. 103.

O'BRIEN D. Compte rendu de T.G. SINNIGE, *Matter and infinity in the Presocratic schools and Plato,* dans *British Journal for the Philosophy of Science* 20 (1969) 163-167.
    6 n.2.

O'BRIEN D. 'The effect of a simile: Empedocles' theories of breathing and seeing', *Journal of Hellenic Studies* 90 (1970) 140-179.
    37.

O'BRIEN D. 'Plotinus on evil: a study of matter and the soul in Plotinus' conception of human evil', *Le Néoplatonisme, colloques internationaux du Centre National de la Recherche Scientifique* (Royaumont, 9-13 juin 1969) (Paris, 1971) 113-146.
    78 n.2.

O'BRIEN D. Compte rendu de G. ZUNTZ, *Persephone, three essays on religion and thought in Magna Graecia,* dans le *Times Literary Supplement* (25 août 1972) 992.
    2 n.1.

O'BRIEN D. Compte rendu de H. LAMBRIDIS, *Empedocles, a philosophical investigation*, dans le *Times Literary Supplement* (8 avril 1977) 439.
2 n.1.

O'BRIEN D. 'Le volontaire et la nécessité: réflexions sur la descente de l'âme dans la philosophie de Plotin', *Revue philosophique de la France et de l'Etranger* 102 (1977) 401-422.
17 n.1.

OSANN Friedrich. Cornutus, *Epidrome* (éd.). Gottingae: prostat in libraria Dieterichiana. 1844. Pp.lxx + 615.
96.

PANZERBIETER Friedrich. *Beiträge zur Kritik und Erklärung der Empedokles*, dans *Einladungs-Programm des Gymnasiums Bernhardinum in Meiningen* etc. Meiningen, 1844. Pp.35.
33-34.

PRAECHTER K. 'Syrianos', Pauly-Wissowa, *Real-Encyclopädie der Altertumswissenschaft* IV A (1932) 1728-1775.
101. 102.

PRIER Raymond Adolph. *Archaic logic: symbol and structure in Heraclitus. Parmenides, and Empedocles*, dans la collection *De proprietatibus litterarum, series practica* no. 11. The Hague/Paris: Mouton. 1976. Pp.163.
48.

REINER Hans. 'Der Metaphysik-Kommentar des Joannes Philoponos', *Hermes* 82 (1954) 480-482.
85 n.1.

RITSCHL Friedrich. 'Die Stichometrie der Alten', *Opuscula philologica* I (Lipsiae, 1866) 74-112.
6 n.1.

Ross William David. *The works of Aristotle translated into English* vol. VIII *Metaphysica.* Oxford: Clarendon Press. 1908. Les pages ne sont pas numérotées.
60 n.1.

SCHWYZER Eduard. *Griechische Grammatik,* dans la collection *Handbuch der Altertumswissenschaft,* Abteilung II Teil 2. 3 Bände. lère éd., 1938. 2ème et 3ème éd., 1959-1960. München: C.H. Beck'sche Verlangsbuchhandlung. Band I 'Dritte, unveränderte Auflage' (1959), pp.xlvii + 844. Band II von Albert DEBRUNNER, 'Zweite, unveränderte Auflage' (1959), pp.xxiii + 714. Band III von Demetrius J. GEORGACAS, 'Zweite, verbesserte Auflage' (1960), pp.xxiii + 392.
53 n.1. 74 n.3.

SCINÀ Domenico. *Memorie sulla vita e filosofia d'Empedocle Gergentino.* 2 vols. Palermo: Stamperia reale. 1813. Vol. I, pp.156 + 78 (notes). Vol. II, pp.295.
74 n.1.

SCHMID Wilhelm, STÄHLIN Otto. *Geschichte der griechischen Literatur,* dans la collection *Handbuch der Altertumswissenschaft,* Abteilung VII Teil 1. 5 Bände. Band I, *Die griechische Literatur vor der attischen Hegemonie.* München: C.H. Beck. 1929. Pp.xiv + 805.
    2 n.1.

SCOTT Robert. Voir Henry George LIDDELL.

SINNIGE Theo Gerard. *Matter and infinity in the Presocratic schools and Plato,* dans la collection *Wijsgerige teksten en studies* no. 17. Assen: Van Gorcum & Co. 1968. Pp.252.
    6 n.2.

STÄHLIN Otto. Voir Wilhelm SCHMID.

STEIN Heinrich. *Empedoclis Agrigentini fragmenta disposuit recensuit annotavit H.S.* Bonnae: apud Adolphum Marcum. 1852. Pp.87.
    2 n.1. 6 n.1. *Cf.* 26.

STOKES Michael C. *One and many in Presocratic philosophy.* Washington D.C.: Center for Hellenic Studies. 1971. Pp.ix + 355.
    41 n.1.

STURZ Friedrich Wilhelm. *Empedocles Agrigentinus, de vita et philosophia eius exposuit* etc. Lipsiae: literis et sumtibus Goeschenii. 1805. Pp.703.
    2.

SWEENEY Leo. *Infinity in the Presocratics: a bibliographical and philosophical study.* The Hague: Martinus Nijhoff. 1972. Pp.xxxiii + 222.
    48 n.1.

TZETZES Johannes. *Editio princeps* des *Chiliades* [éd. N. GERBELIUS]. Ex officina J. Oporini, Basileae, 1546. (Bibliothèque Nationale, Rés. Yb.30)
    9.

VAN DER BEN Nicolaus. *The proem of Empedocles' peri physios, towards a new edition of all the fragments, thirty-one fragments edited by N. van der Ben.* Amsterdam: B.R. Grüner. 1975. Pp.230.
    1-3. 4 sqq. 14 sqq. 21 sqq. 29 sqq. 36 sqq. 50 sqq. 55 sqq. 69 sqq. *Cf.* 89-90. 98-100. 104-105. Voir aussi 'Fr. 115: *index fontium*' no.17.

VAN GRONINGEN Bernhard Abraham. *La composition littéraire archaïque grecque, procédés et réalisations,* dans *Verhandelingen der Koninklijke Nederlandse Akademie van Wetenschappen, Afdeling Letterkunde* n.r. deel 65 no.2. Amsterdam: N.V. Noord-Hollandsche Uitgevers Maatschappij. 1958. Pp.394.
    21 n.1. 27. *Cf.* 51.

WEHRLI Fritz. *Die Schule des Aristoteles, Texte und Kommentar* Heft VII *Herakleides Pontikos.* 1ère éd., 1953. 2ème éd., 1969. Basel/Stuttgart: Schwabe & Co. Pp.124.
    99-100.

WENDEL Carl. 'Tzetzes, Johannes', Pauly-Wissowa, *Real-Encyclopädie der Altertumswissenschaft* VII A 2 (1948) 1959-2010.
   8 n.1.

WENDLAND Paul. Hippolytus, *Refutatio omnium haeresium* (éd.), dans la collection *Die Griechischen Christlichen Schriftsteller der ersten drei Jahrhunderte* no.26. Leipzig: J.C. Hinrichs'sche Buchhandlung. 1916. Pp.xxiii + 337.
   16 n.1.

WEST M.L. 'Notes on newly-discovered fragments of Greek authors', *Maia* n.s. 20 (1968) 195-205.
   4 n.3.

WICKSTEED Philip Henry. Voir Francis Marion CORNFORD.

von WILAMOWITZ-MÖLLENDORFF Ulrich. *Griechische Verskunst.* Berlin: Weidmannsche Buchhandlung. 1921. Pp.630.
   74 n.3.

von WILAMOWITZ-MÖLLENDORFF Ulrich. 'Die Καθαρμοί des Empedokles', *Sitzungsberichte der Deutschen Akademie der Wissenschaften zu Berlin, Philosophisch-historische Klasse* (1929) 626-661. Réimpression: *Kleine Schriften* I (Berlin, 1935) 473-521.
   2. 4 n.2. 12. 74 n.3. 77 n.1.

ZAFIROPULO Jean. *Empédocle d'Agrigente ... texte et traduction des fragments des poèmes d'Empédocle,* dans la *Collection d'études anciennes, publiée sous le patronage de l'Association Guillaume Budé.* Paris: Les Belles Lettres. 1953. Pp.305.
   2.

ZELLER Eduard. *Die Philosophie der Griechen in ihrer geschichtlichen Entwicklung.* 1ère éd., 1844. Teil I Hälfte 1-2, *Allgemeine Einleitung, Vorsokratische Philosophie.* 6ème éd. par Wilhelm NESTLE (ZN en abrégé), 1919-1920. Leipzig: O.R. Reisland. Pp.xvii + 1460.
   94.

ZUNTZ G. 'De Empedoclis librorum numero coniectura', *Mnemosyne* series IV vol. 18 (1965) 365.
   5. 6 n.1. 7. 9-10. 12 n.2. *Cf.* 34 n.1.

ZUNTZ Günther. *Persephone, three essays on religion and thought in Magna Graecia.* Oxford: Clarendon Press. 1971. Pp.xiii + 425.
   2. 5. 7. 9-10. 12 n.2. 26 n.1. *Cf.* 34 n.1. 77 n.1. 96.

INDEX LOCORUM

BT   *Bibliotheca Teubneriana*
Budé   Collection des Universités de France, publiée sous le patronage de l'Association Guillaume Budé
CAG   *Commentaria in Aristotelem Graeca*
DK   H. Diels, W. Kranz, *Fragmente der Vorsokratiker* (Berlin, 1934-1937)
Dox   H. Diels, *Doxographi graeci* (Berolini, 1879)
GCS   *Die Griechischen Christlichen Schriftsteller der ersten drei Jahrhunderte*
LCL   *Loeb Classical Library*
OCT   *Scriptorum Classicorum Bibliotheca Oxoniensis (Oxford Classical Texts)*
PG   *Patrologia Graeca*

AENEAS GAZAEUS

vide 'Fr. 115: *index fontium*' no.19.

AETIUS

De placitis philosophorum
Dox. 267-444.
I 7.28	vide 'Fr. 115: *index fontium*' no.25.
I 26.1	81. 88.
I 30.1	4.
IV 22.1	11.

ALEXANDER

Metaphysica
ed. M. Hayduck, *CAG* I (1891).
219.31-34	60 n.1.

AMMONIUS

De interpretatione
ed. A. Busse, *CAG* IV 5 (1897).
249.1-15	87 n.1.

ANAXAGORAS

Fragmenta
edd. DK II 32-66.
1	36-37.
12	36-37.

INDEX LOCORUM

ANTIPHO
Orationes
ed. T. Thalheim, *BT* (1914).
   V 87   53.
   VI 5   53.

ARISTOPHANES

Comoediae
edd. F.W. Hall et W.M. Geldart, 2 vols *OCT* (1906-1907).
   Vespae 377-378   74 n.2.

ARISTOTELES

De anima
ed. W.D. Ross (Oxford, 1961).
edd. A. Jannone et E. Barbotin, Budé (1966).
   I 5, 410b4-7   59.

De caelo
ed. D.J. Allan, *OCT* (1936, 1965).
ed. P. Moraux, Budé (1965).
   I 10, 279b14-17   38-39. 41. 44.
   I 10, 280a11-24   44.
   III 2, 301a11-20   44.

De generatione animalium
ed. H.J. Drossaart Lulofs, *OCT* (1965).
   II 6, 742b17-35   38. 68.

De generatione et corruptione
ed. H.H. Joachim (Oxford, 1922).
   II 1, 328b31-329a5   104.
   II 3, 330b7-20   104.
   II 6, 333a16-334a15 60. 66 sqq. 93.

De respiratione
ed. W.D. Ross (Oxford, 1955).
   7, 473b9-474a6   11.

De sensibus
ed. W.D. Ross (Oxford, 1955).
   2, 437b26-438a3   11.

Metaphysica
ed. W.D. Ross (Oxford, 1924, 1953).
ed. W. Jaeger, *OCT* (1957).
   A 3, 983b6-984a18   60 n.1. 104. 106.
   B 1, 996a2-4   66 sqq.
   B 4, 1000a5-b21   55 sqq. 66 sqq. 81 sqq. 101 sqq. 105-107.
   K 2, 1060a27-36   67.

Physica
ed. W.D. Ross (Oxford, 1936, 1955).
II 1, 192b20-23   44-45.
II 1, 193a21-23   104.
II 4, 196a19-24   76.
IV 6, 213a24-27   11 n.1.
VIII 1, 250b23-251a5   36-38. 39-41. 42-43. 66. 68 sqq. 76.
VIII 1, 252a5-b5   15. 37-38. 39-41. 66. 68 sqq. 76.

Topica
ed. W.D. Ross, *OCT* (1958, 1970).
ed. J. Brunschwig, Budé (1967-).
I 14, 105b16-18   104.

ASCLEPIUS

Metaphysica
ed. M. Hayduck, *CAG* VI 2 (1888).
25.21-22   104.
197.10 sqq.   75. 85 sqq. 88 sqq.
197.17-21   75. 86 sqq. 88 sqq. 104-105.
198.25 sqq.   55 n.1. 85 sqq. 88 sqq. 102-103.
199.1-5   86 sqq. 88 sqq. 102-103.
307.10-11   104.

CALCIDIUS

in Timaeum ed. J.H. Waszink, *Plato latinus* IV (1962).
    136 = 176.15-177.12   77-78.

CELSUS

apud ORIGENEM (q.v.)

CICERO

vide 'Fr. 115: *index fontium*' no.25.

CORNUTUS

Epidrome (= *Theologiae graecae compendium*)
ed. C. Lang, *BT* (1881).
    17   96.

INDEX LOCORUM

DAMASCIUS

Dubitationes et solutiones de primis principiis, in Platonis Parmenidem
ed. C.E. Ruelle, 2 vols (Parisiis, 1889).
123 = I 316.18-317.14 Ruelle   101.

DIOGENES LAERTIUS

Vitae philosophorum
ed. H.S. Long, 2 vols *OCT* (1964).

I 112	6 n.1. 12 n.2.
VIII 54	4 sqq. 14 sqq. 21 seq.
VIII 60-62	21 sqq. 90-100.
VIII 67-69	99-100.
VIII 77	4 sqq. 6 n.1.
IX 45-49	10.

EMPEDOCLES

Fragmenta
edd. DK I 308-374.

1	21 sqq. 98.
2	24 sqq. 38. 51. 104-105.
3	21 sqq. 51. 98.
6	4. 10 n.1. 24 sqq. 31 n.1. 63.
8	4. 10 n.1.
17	4. 21. 22 sqq. 29 seq. 45. 46. 50. 51. 60. 74 n.3. 75. 93. 96. 106-107.
20	41 n.1.
21	60. 63.
22	60 n.2.
26	32 n.1. 42. 46. 70. 76.
27	40. 46. 58.
29	79.
30	22. 29 sqq. 50 sqq. 55 sqq. 66 sqq. 73 sqq. 101-103.
31	40.
35	31. 64. 95-96.
36	57. 64.
57	34.
59	34.
61	34.
62	4. 34. 44.
84	11.
96	4.
100	11.
109	64.
110	16 n.1.
112	4. 14 sqq. 21 sqq. 98.
113	25-28.

114	25-28. 98.
115	2 n.1. 14 sqq. 21 sqq. 29 sqq. 50 sqq. 58. 62. 69 sqq. 73 sqq. 93. 95-97. 97-100. 104-105. 105-107.
116-120	22.
121	22. 26.
122	22. 96.
123-127	22. 96.
129	22.
131	2 n.1. 5 n.1. 26 n.1.
132	2 n.1.
133	2 n.1. 26 n.1.
134	4. 10 n.1. 79. 87 n.1.
135-140	22.
141	94.
142-147	22.
148-151	2 n.1.
152	2 n.1. 22.
153	2 n.1. 22.
153a	2 n.1. 11-12.

Fragmentum
ed. H. Hunger, *Jahrbuch der Österreichischen Byzantinischen Gesellschaft* 16 (1967) 5, 26.

                                                4 sqq. 12.

EUDEMUS

Fragmenta
ed. F. Wehrli, *Die Schule des Aristoteles* VIII (1969).
   110   39-41. 71.

EUSEBIUS

   vide 'Fr. 115: *index fontium*' no.12.

GORGIAS

Helenes encomium
edd. DK II 288-294.
   6 = DK II 289.21-22   74 n.2.

GRAMMATICUS QUIDAM IGNOTUS

   vide 'Fr. 115: *index fontium*' no.3.

INDEX LOCORUM

GREGORIUS NAZIANZENUS

Carmina
ed. *PG* XXXVII coll. 397-1600.
    liber II § 2, poema VII *ad Nemesium,* vv.190-191 = *PG* XXXVII
    1566.1-2   54 n.1.

HERACLEIDES PONTICUS

Fragmenta
ed. F. Wehrli, *Die Schule des Aristoteles* VII (1969).
    76-89   98-100.

HERMIAS ALEXANDRINUS

in Platonis Phaedrum
ed. P. Couvreur (Paris, 1901).
    248B = 160.16 Couvreur   78 sqq.

HERODOTUS

ed. K. Hude, *OCT* (1926).
    VII 220   74 n.3.

HESIODUS

Theogonia
ed. M.L. West (Oxford, 1966).
ed. F. Solmsen, *OCT* (1970).
    775 sqq.   106.

HESYCHIUS

    vide 'Fr. 115: *index fontium*' no.24.

HIEROCLES

in Aureum Pythagoreorum carmen commentarius
ed. F.W. Koehler, *BT* (1974).
    XXIV 2 = 98.9 sqq. Koehler   78 sqq.
    XXIV 3 = 98.20 sqq. Koehler   78 sqq.

HIPPOLYTUS

Refutatio omnium haeresium
ed. P. Wendland, *GCS* 26 (1916).
I 3 = 9.3-15 Wendland   20 n.1.
V 20.6 = 122.5-6 Wendland   95-97.
VII 29-31 = 210.5-217.23 Wendland
                               15-16. 18. 19-20. 23-24. 29-30. 73-75.
                               79 sqq. 88 sqq. 93-97.

HOMERUS

Ilias
ed. T.W. Allen, 3 vols (Oxonii, 1931).
2.755   106.
7.449-450   53.
14.271   106.
15.37-38   106.

Odyssea
ed. T.W. Allen, 2 vols *OCT* (1917-1919).
5.390   53-54.
23.286   53-54.

IAMBLICHUS

apud STOBAEUM (q.v.)

LOBON ARGIVUS

Fragmenta
ed. W. Crönert, Χάριτες *F. Leo* ... *dargebracht* (Berlin, 1911) 123-145.
19   12 n.2.

LUCRETIUS

De rerum natura
ed. C. Bailey (Oxford, 1947).
V 97-100   26 n.1.
V 101-103   26 n.1.

MICHAEL PSELLUS

vide 'Fr. 115: *index fontium*' no.25.

INDEX LOCORUM

ORIGENES

Contra Celsum
ed. P. Koetschau, *GCS* 2-3 (1899).
I 32 = I 84.19-21 Koetschau   20 n.1.
VIII 49 = II 263.28-264.15 Koetschau
                                  17 n.3.
VIII 53 = II 268.6-16 Koetschau
                        16-17. 18. 20. 23-24. 73. 75. 78 n.2. 90.

PARMENIDES

Fragmenta
edd. DK I 227-246.
ed. L. Tarán (Princeton, 1965).
1   21 sqq.
7.1-2   25.
8.7   31.
8.13   31.

PAULUS APOSTOLUS

Epistola I *ad Timotheum*
IV 2-3   93-94.

PHILOPONUS

De anima
ed. M. Hayduck, *CAG* XV (1897).
73.21-74.29   75. 78 sqq. 85 sqq. 88 sqq.

De generatione et corruptione
ed. H. Vitelli, *CAG* XIV 2 (1897).
266.4-5   75. 85 sqq. 88 sqq.

[PHILOPONUS?]

Metaphysica
   vide p.85 n.1 supra.

PHILOPONUS

Physica
ed. H. Vitelli, *CAG* XVI-XVII (1887-1888).
24.3-22   75. 84 sqq. 88 sqq. 104-105.

PLATO
ed. J. Burnet, 5 vols *OCT* (1900-1910).

Phaedo
    97B sqq.   36-37.

Phaedrus
    247B2   21 n.1.
    248C sqq.   78 n.1.

Sophista
    237A   25.
    242D-243A   38-39.

Timaeus
    30C-31B   80.

PLOTINUS

Enneades
edd. P. Henry et H.-R. Schwyzer, 3 vols (Paris/Bruxelles/Leiden, 1951-1973).
    II 4 [12] 5.24-29   78-79.
    IV 3 [27] 9.9-20   103.
    IV 3 [27] 9.22-26   78-79.
    IV 3 [27] 12.32   103.
    IV 3 [27] 13.24   103.
    IV 8 [6] 1.17-23   78 sqq.
    IV 8 [6] 1.47   103.
    IV 8 [6] 5.5-6   78 sqq.
    IV 8 [6] 5.13   103.
    IV 8 [6] 6   102.
    V 1 [10] 1.1-5   78-79.

PLUTARCHUS

De animae procreatione in Timaeo
ed. H. Cherniss, *LCL* XIII 1 (1976).
    27, 1026B   vide 'Fr. 115: *index fontium*' no.25.
    28, 1026E-1027A   97.

De defectu oraculorum
ed. W. Sieveking, *BT* III (1929).
    16, 418E   18. 77 sqq.
    20, 420D   18. 77 sqq.

De esu carnium
edd. C. Hubert et H. Drexler, *BT* VI 1 (1959).
    I 7, 996B-C   18. 77 sqq. 97-98 (cf. 24 n.1).

De exilio
ed. W. Sieveking, *BT* III (1929).
edd. P.H. de Lacy et B. Einarson, *LCL* VII (1959).
   17, 607C-E   14 sqq. 18. 21 sqq. 73-75. 77 sqq. 95-97. 97-100 (cf. 24 n.1). 106.

De facie quae in orbe lunae apparet
ed. H. Cherniss, *LCL* XII (1957).
   12, 926D-927A   43-44.

De Iside et Osiride
ed. W. Sieveking, *BT* II (1935).
   26, 361C   17-19. 20. 23-24. 73-75. 77 sqq. 90.
   48, 370D-E   96-97.

De sollertia animalium
edd. C. Hubert et H. Drexler, *BT* VI 1 (1959).
   7, 964D-E   18. 19 n.1. 77 sqq. 94-97.

De tranquillitate animi
ed. W. Sieveking, *BT* III (1929).
   15, 474B-C   96-97.

De vitando aere alieno
edd. C. Hubert et M. Pohlenz, *BT* V 1 (1960).
   7, 830E-831B   18. 19 n.1. 77 sqq.

Fragmenta
ed. F.H. Sandbach, *BT* VII (1967).
   24   20 n.1. 95-97.

PORPHYRIUS

apud STOBAEUM (q.v.)

PROCLUS

in Alcibiadem
ed. L.G. Westerink (Amsterdam, 1954).
   240.5-253.15 (editionis Creuzerianae, Francofurti 1821)
                              vide 'Fr. 115: *index fontium*' no.17.

in Parmenidem
ed. V. Cousin (Paris, 1864).
   721.25-724.13 Cousin   78 sqq. 88 sqq. 105.

in Timaeum
ed. E. Diehl, 3 vols *BT* (1903-1906).
    6C = I 18.3 Diehl   79-80. 88 sqq.
    94F = I 310.4 sqq. Diehl   102-103.
    160C-D = II 69.8-27 Diehl   79-80. 88 sqq.
    175C-D = II 116.24-117.14 Diehl
                             78 sqq. 88 sqq. 104-105.
    315B = III 248.2 Diehl   102-103.

SEXTUS EMPIRICUS

Adversus mathematicos
libros VII-XI (= *Adversus dogmaticos* I-V) ed. H. Mutschmann, *BT* (1914).
    VII 111-114   21 sqq.
    VII 122-125   24 sqq. 104-105.
    X 315   24 sqq.

SIMPLICIUS

De caelo
ed. I.L. Heiberg, *CAG* VII (1894).
    530.12   55 n.2.

Physica
ed. H. Diels, *CAG* IX-X (1882-1895).
    125.26 sqq.   36-37.
    156.13 sqq.   36-37.
    157.27   4. 22 sqq. 96. 106.
    158.5   33.
    161.14-15   4. 22 sqq. 96. 106.
    164.24 sqq.   36-37.
    176.32 sqq.   36-37.
    197.9-13   88 sqq.
    300.20   4.
    330.31 sqq.   76.
    381.29   4.
    382.16-21   44.
    465.10-13   88 sqq.
    1123.7-1125.24   39-41. 42-43.
    1183.19-1186.35   15. 39-41. 55. 66. 69 sqq. 73 sqq.

STOBAEUS

Eclogae
edd. K. Wachsmuth et O. Hense, 5 vols (Berolini, 1884-1912).
    I 49.37 (IAMBLICHUM excerpsit) = I 375.6-7 Wachsmuth et Hense
                                        79 sqq.
    II 8.42 (PORPHYRIUM excerpsit) = II 169.6-7 Wachsmuth et Hense
                                  vide 'Fr. 115: *index fontium*' nos. 11, 14.

SUDA

ed. Ada Adler (Lipsiae, 1928-1938).
  s.v. Ἐμπεδοκλῆς   4 sqq. 34 n.1.
  s.v. Ἀριστέας   6 n.1.

SYNESIUS

vide 'Fr. 115: *index fontium*' nos. 13, 25.

SYRIANUS

Metaphysica
ed. G. Kroll, *CAG* VI 1 (1902).
11.7 sqq.	102-103.
11.28-35	80 sqq. 101-103.
41.27-44.17	55 n.1. 80 sqq. 101-103. 105-107.
48.6 sqq.	102-103.
106.22 sqq.	102-103.
133.22-26	103.
168.2-6	102-103.
171.11-20	80 sqq.
171.23 sqq.	102.
182.9 sqq.	106.
185.22-27	102-103.
187.19-27	28 n.1. 80 sqq. 101-103. 106-107.

THEO SMYRNAEUS

Expositio rerum mathematicarum ad legendum Platonem utilium
ed. E. Hiller, *BT* (1878).
  104.1-3 Hiller   12.

THEOPHRASTUS

Fragmentum de sensibus
Dox. 497-527.
  7   11.

TZETZES Ioannes

Chiliades (= *Historiae*)
ed. P.A.M. Leone (Napoli, 1968).
  VII 514   4 sqq.

Exegesis in Iliadem
ed. G. Hermann (Lipsiae, 1812).
   53.20-25 Hermann   4.

XENOPHON

Anabasis
ed. P. Masqueray, Budé (1930-1931).
edd. K. Hude et J. Peters, *BT* (1972).
   I 7.15   53.

ENGLISH SUMMARY

Chapter I

I hope that the rather unusual form of this work, a detailed critique of the first volume of a projected edition of Empedocles by Dr. N. van der Ben, may help to raise the standard of current publications on Presocratic philosophy.

I hope that a close look at the arguments of one recent author will help to bring out the errors in method and approach that I believe vitiate many of the attempts that are currently made to disentangle the sources for our knowledge of fifth-century philosophy.

Chapter II

The evidence does not allow a definitive conclusion on the total number of verses in Empedocles' two poems and their division into 'books'. The figures recorded in the Suda and in Diogenes Laertius may not be reliable, and in any case have been interpreted in very different ways: to give either two thousand or three thousand verses, and either two or three books, either in the *Katharmoi* (the *Purifications*) or in the poem *On nature*.

Chapter III

But the evidence for the distribution of fragments between the two poems is more hopeful. Hippolytus, Celsus and Plutarch all in different ways associate the quotation of fr. 115 (the exile of the *daimon* from the gods and its wanderings among the elements) with 'purification', and therefore encourage the placing of this and associated fragments in the poem which traditionally bore the title of *Purifications*.

Chapter IV

We can further conclude that fr. 115 came at or near the beginning of the religious poem, for Plutarch says that it was a 'prelude' (προαναφωνήσας) to Empedocles' philosophy. The 'prelude' will presumably have come after fr. 112 (Empedocles' greetings to his 'friends' at Acragas), for this fragment Diogenes Laertius tells us 'started' the religious poem (ἐναρχόμενος).

There is the same division of ideas in the evidence for Parmenides. Sextus tells us that the account of the Goddess who leads Parmenides into the light of day 'started' the poem (fr. 1, ἐναρχόμενος, the same word that Diogenes uses for Empedocles), while for Plato 'being' and 'not-being' are the 'start' of Parmenides' poem (fr. 7, ἀρχόμενος).

The assumption that we find in Plutarch and in Plato explains Simplicius' description of fr. 17 (the alternation of the One and the Many) as coming 'right at the start' of the physical poem (εὐθὺς ἐν ἀρχῇ). These verses will nonetheless have followed Empedocles' address to Pausanias and his invocation to the Muse (frr. 1 and 3).

In all three cases, there will have been two 'beginnings': an address or an invocation (to 'friends'; the Goddess to Parmenides; Empedocles to the Muse), and then the start of the doctrinal part of the poem (the exile of the fallen *daimon*; 'being' and 'not-being'; the One and the Many).

Chapters V and VI

Dr. van der Ben ignores much of this evidence in placing fr. 115.1-8 at the beginning of the poem *On nature*. These verses he thinks were followed by fr. 30 ('When Strife grew great in its limbs ...'). In order to detach this fragment from the meaning that has usually been given to it (Strife's disruption of the One), Dr. van der Ben seeks to call into question the whole of the cyclic interpretation of Empedocles (the alternation, in time, of the One and the Many). I therefore rehearse the evidence for this interpretation, taking first the fragments (chapter V) and then the secondary evidence, from Plato, Aristotle, Eudemus, Plutarch, Simplicius (chapter VI).

Chapter VII

This clears the way for a translation of fr. 30. These verses describe not a time which is 'beginning' (Dr. van der Ben's translation of τελειομένοιο), but a time which is 'ending' and which Strife has yielded to another 'in exchange' (ἀμοιβαῖος) for 'the honours' which Strife now has the right to claim.

Chapter VIII

What then is the context of these verses? Aristotle's detailed criticisms preceding his quotation of the fragment in the *Metaphysics* clearly indicate that he sees the verses as describing the 'change-over' (μεταβολή) from the One to the Many.

Chapter IX

Simplicius provides essentially the same context for the fragment in his commentary on the *Physics*. Since his quotation differs textually from that of Aristotle, I argue that his evidence can probably be accounted as independent of that of Aristotle.

Chapter X

There remains one problem, and an interesting and important one. How has it come about that Simplicius quotes fr. 115.1-2 in the same context in which he quotes fr. 30? Does it not follow, as Dr. van der Ben in fact believes, that the two fragments came from the same poem, and therefore from the poem *On nature*, since Simplicius nowhere else quotes from the religious poem?

No: the juxtaposition of the two fragments is part of the Platonic and Neoplatonic interpretation of Empedocles' theory, which deliberately employed the description of the *daimon* taken from the religious poem in its interpretation of the poem *On nature*. The Neoplatonists identify the intelligible realm with the Sphere, or the One. The intelligible realm and the world of sense cannot succeed each other in time, as do the One and the Many in frr. 17 and 30. The Neoplatonists therefore explain the succession of the One and the Many as a mythical or symbolical account of the movements of the soul between the intelligible and the sensible realms, and these movements they identify with the wanderings of the *daimon* recounted in fr. 115.

Dr. van der Ben's rearrangement of the fragments, and his denial of the cyclic interpretation of Empedocles, both arise from his failure to recognise, in evidence from the ancient world, items which have been coloured by the Platonic and the Neoplatonic interpretation of Empedocles.

PUBLICATIONS DU MÊME AUTEUR

OUVRAGES

Empedocles' cosmic cycle, a reconstruction from the fragments and secondary sources. Dans la collection *Cambridge classical studies.* University Press, Cambridge. 1969. Pages x + 459.

Theories of weight in the ancient world. Four essays on Democritus, Plato and Aristotle. A study in the development of ideas. Volume I *Democritus: weight and size. An exercise in the reconstruction of early Greek philosophy.* Dans les deux collections, *Philosophia antiqua* vol. XXXVII et *Collection d'études anciennes.* E.J. Brill, Leyde. Les Belles Lettres, Paris. 1981. Pages xxii +419. Cet ouvrage a été publié avec le concours du Centre National de la Recherche Scientifique.

ARTICLES PRINCIPAUX

– *Sur les Présocratiques*

Anaximander's measurements, dans *Classical Quarterly* n.s. 17 (1967) 423-432.

The relation of Anaxagoras and Empedocles, dans *Journal of Hellenic Studies* 88 (1968) 93-113.

Derived light and eclipses in the fifth century, dans *Journal of Hellenic Studies* 88 (1968) 114-127.

The effect of a simile: Empedocles' theories of breathing and seeing, dans *Journal of Hellenic Studies* 90 (1970) 140-179.

Temps et intemporalité chez Parménide, dans *Les Études Philosophiques: le Temps* (1980) 257-272.

– *Sur Platon*

The last argument of Plato's 'Phaedo', dans *Classical Quarterly* n.s. 17 (1967) 198-231, n.s. 18 (1968) 95-106.

– *Sur Aristote*

Aristote et la catégorie de quantité: divisions de la quantité, dans *Les Études Philosophiques: Aristote et l'Aristotélisme* (1978) 25-40.

Aristote: quantité et contrariété; une critique de l'école d'Oxford, dans un ouvrage collectif, *Concepts et catégories dans la pensée antique,* études publiées sous la direction de Pierre Aubenque, dans la collection *Bibliothèque d'histoire de la philosophie.* Paris: Vrin. 1981. Pp.89-165.

– *Sur Plotin*

Plotinus on evil: a study of matter and the soul in Plotinus' conception of human evil, dans *Le Néoplatonisme: Colloques internationaux du Centre National de la Recherche Scientifique* (Royaumont 9-13 juin 1969) 113-146.

Le volontaire et la nécessité: réflexions sur la descente de l'âme dans la philosophie de Plotin, dans *La Revue Philosophique de la France et de l'Étranger* année 102 tome 167 (1977) 401-422.

UNIVERSITY LIBRARY CAMBRIDGE

LINDONPRINT TYPESETTERS

DÉPÔT LÉGAL: JANVIER 1981
NO. 2219